平墳雅弘

# 保護者は なぜ「いじめ」から 遠ざけられるのか



太郎次郎社エディタス

# ●はじめに

新学期がスタートしてまもない四月、小学生の子をもつ母親から相談を受けた。
――娘が登校をしぶっている。毎朝、登校時間になると、頭が痛いとか、お腹が痛いなどと体調不良を訴える。医者に診せても、別段おかしなところはないと言われた。

学級開きしてまだ一か月たらずで、子どもが新しいクラスに慣れていないだけではないかとわたしは思った。しかし、母親は深刻な表情で話した。

「先日、ＰＴＡの授業参観日があって、子どものクラスを見てびっくりしてしまいました。授業中、数人の男の子が勝手に席を立って歩く、教室を飛びだす、大声で騒いでいるなど、やりたい放題。周りで参観している親たちは、茫然として目が点でした。担任の先生は一所懸命に子どもに声をかけているのだけれど、ひとりをかまっているあいだに違うところでほかの子が騒ぎだして、ただ右往左往しているだけ。注意する子もいたけど、まったく無視。ある女の子は、両手で耳をふさいでいました」

担任は大学を卒業したての若い男の教師で、まだ子どもの扱いに不慣れなようだ。

母親は「目の前で騒いだり立ち歩いている子どもを注意したいのだけれど、担任の先生の手前、声をかけてよいものかもわからずに、だれもが金縛りにあったようにただ黙って見ているだけ。あるお母さんは、『あれが自分の子どもならば、教室から引きずり出して大目玉を食らわす』と立腹していました。ふだんは管理職や数人の先生が、廊下やクラスをのぞきに来ているらしいけれど、静かになるのはそのときだけで、姿が見えなくなると元の状態に逆もどりみたい」と続けた。

授業参観後の学級懇談会で、若い担任は「力たらずで申し訳ありません」とうなだれたという。親たちは担任が気の毒で、「わたしたち保護者で力になることがあれば、なんでも言ってください」と元気づける始末だった。

「保護者で力になることがあれば」——その言葉を聞いて、わたしは思わずハッとした。

いまから三十年ほどまえ、全国の中学校には「校内暴力」の嵐が吹き荒れていた。子どもの自殺、いじめ、不登校、対教師暴力などがあいつぎ、国会でもとりあげられた。

当時、学校は生徒の服装から髪型、給食の食べ方についてまで校則で定め、違反する生徒を厳しく取り締まった。こうした指導を教師たちは「きめ細かい指導」「親代わりの親身な指導」などと呼んだが、社会は「画一的な管理教育」「行きすぎた指導」などと厳しく批判した。

教育行政は管理教育を反省し、「思いやりのある教育」「子どもたち一人ひとりの個性を大切にした教育」を実現すべく、それまでの閉鎖的な体質から「開かれた学校づくり」へと大きく舵を切った。開かれた学校づくりとは、もっと地域の教育力を生かし、積極的に家庭や地域社会の支援を受け、地域に開かれた学校をつくることだ。

教師たちは、子どもたちの思いやりの気持ちを育成し、子どもの声にもっと耳を傾け、二度とふたたび学校を荒れた状態にしないよう、固く誓った。

あれから何十年と月日が流れた。学校は変わったのか。

答えは、言うまでもない。思いやりといいながら、いじめや不登校はいっこうに減らない。学校の主人公は子どもだといいながら、子どもたちはいじめに怯えている。子どもの声に耳を傾けるといいながら、子どもの声は無視されている。ゆとりある教育といいながら、子どもは勉強や部活に追いたてられ、教師たちは過重労働で心身を病んでいる。保護者と連携といいながら、保護者を遠ざけている……。まったく変わっていない。

いじめや子どもの自殺が起きるたびに、校長や教育委員会は紋切型の記者会見をくり返し、

「いじめがあったかなかったかを調査中」といい、「そのような事実は認められなかった」とするか、もしくは、「申し訳ありません」と頭を下げる。それはまるで恒例行事のように映る。

どうして、学校は変われなかったのか。

結論から言えば、学校は〝思いやり〟とか〝子ども目線〟などと抽象的な言葉遊びに終始し、生徒指導の仕組みは以前の教師主導のままで、子ども参加や保護者参加のための具体的な仕組みを実現しなかったためである。

わたしは教員として中学校で二十四年間、小学校で十三年間、勤務してきた。そして校内暴力という時代を経験してきた者として、どうして仕組みが実現できなかったのか、その仕組みとはどのようなものであるべきかを明らかにする責任を痛感する。それこそが、母親たちの相談に答えることであると信じる。だから、この本を書いた。

本書の構成は、第Ⅰ部が、世間の通念から乖離《かいり》した天下り的な「いじめ対応」のくわしい内実と、保護者からは見えない学校での子どもの姿について。第Ⅱ部は、被害者・加害者としていじめの当事者となってしまった子どもの保護者の苦悩と、子どもに対する学校・行政の無理解と無策について。そして第Ⅲ部では、もはや教師だけでは子どもをとりまく問題に対応できない学校の限界と、その突破口としての「保護者参加」「子ども参加」の仕組みと具体的な方法について述べた。

なお登場人物は、すべて仮名とした。

保護者は
なぜ「いじめ」から
遠ざけられるのか

●目次

## 第Ⅱ部 〝寝耳に水〟から始まる親の苦悩 69

# 第I部

# 親からは見えない学校の内側

# 1 学校の「いじめ調査」と「いじめ指導」とは

## ●ベールに包まれた〝いじめ〟

保護者にとって学校とは、わが子が毎日のように通い、友だちといっしょに勉強し、生活する場所だ。子育ての悩みや学習・進路に関する相談ごとがあれば、先生たちは親身になって対応してくれ、必要な資料なども提供してくれる。

ふだん、家事や仕事に追われ、子どもと接する時間もままならない保護者にとって、学校はまさになくてはならない、〝親代わり〟の大切な場所だ。

しかし、いじめなどの重大なことが起きると、学校はその顔を一変させる。保護者の前に越えられない壁となって、大きく立ちはだかる。いくら保護者が真相を究明しようと掛けあっても、「それは個人情報が絡んでいますから」とか「現在、くわしく調査中ですから」などと、とりつく島もない。

子どもの自殺が報じられると、学校は判で押したように「子どもからいじめの相談はありませんでした」「いじめの事実は確認できませんでした」などと発表する。しばらくして子どもの遺書やブログ（ウェブ上の日記）でいじめの事実が明らかになると、校長はあわてて「やっぱりいじめはありました」と、深ぶかと頭を垂れる。

二〇一一年、滋賀県大津市で中学二年生（当時）の男子生徒がいじめを苦に自殺したときも、そうだった。生徒が自殺したあと、担任をふくめ教師たちのだれもが「いじめの事実を知らなかった」とか「まったく気づかなかった」と主張した。マスコミの取材でいじめの事実が明らかになってからも、学校は、いじめではなくケンカと認識していたと説明。自殺の原因についても、いじめではなく家庭環境によると説明していた。しかし、校長は最後の最後に、「調査の結果、いじめを認識していた」と説明を一変させた。

校長といえば、それなりの人格者とされ、教育に対する造詣も深いはずだ。にもかかわらず、どうしてこのような醜態をさらすのか。

いじめで子どもを失った親が知りたいのは、「子どもの周りで何が起こっていたのか」「どうして、そのようなことが起こったのか」という原因や背景だ。
いったい、いじめは学校でどのように指導されているのか。そこからスタートしよう。

## ●三人の教師に聞く

現役の三人の教師に、「いじめ指導」について尋ねた。

**――クラスの子どもが友だちから悪口をいわれ、無視をされ、いじめを受けたと訴えてきました。あなたは担任として、いじめた子どもをどう指導しますか？**

・まず、管理職に報告し、指導を仰ぎます。いじめた子どもに「どうして、悪口を言ったり無視をしたりしたのか」と理由を尋ね、いじめは人間として絶対に許されないことだと話します。つぎに、きちんと相手の子に謝罪させてから、二度と同じ過ちをくり返さないために反省文を書かせ、その日のうちに保護者に連絡をとり、家庭での指導をお願いします。（教職一年目の二十代の男性教師）

・いつ、だれが、どこで、どのように、いじめたのかをさらにくわしく調査し、いじめた子どもだけでなく、周りで見て見ぬふりをしていた子どもも同罪として指導する。相手の子に謝罪

させてから、やはり反省文を書かせ、保護者に連絡し、家庭での指導をお願いする。（教職十年目の女性教師）

●いじめの内容によって、学年主任や生徒指導にも参加してもらう。たとえ軽度ないじめでも、いじめの回数や相手の子の気持ちを考慮し、ひとりの問題ではなくクラスや学年の問題として考え、学級会や学年集会を開いて話し合う。（教職二十年目の女性教師）

どの教師も自信をもって答えた。

整理すると、「いじめの事実確認」「いじめ調査」「相手への謝罪」「反省文などの懲戒」「保護者への連絡」「学級会や学年集会の開催」となる。おそらくどの学校でも行なわれているであろう、いじめ指導の手順だ。教職一年たらずの若い教師がスラスラと手順を述べたことに驚かされた。

しかし、教師の行きすぎた対応や不適切な指導をきっかけに、子どもが肉体的・精神的に追いつめられてみずから命を絶つ「指導死」という言葉が教育現場でも認知されはじめている。二〇〇〇年九月には、当時中学二年生の生徒が、学校でアメを食べたという規律違反に対し、教師から反省文を書かされ、さらに「学年集会で決意表明する」「保護者を呼びだす」などの指導内容を知らされて、自宅マンションから飛び降り自殺する事件があった。

先ほどの三人の教師に対し、つぎの質問をした。

**——先生たちがいま言ったのと同じような指導をされ、自殺した中学生がいる。もし、子どもが自殺したら、どうするのか。**

「その先生の指導に、何か問題があったんじゃないですか？」

「どんな問題？」

「たとえば威圧的だったり、集団で取り囲んで大声でどなったりとか」

「それに、頭ごなしに決めつけるとか……」

「たしかに、生徒ひとりに何人もの教師が長時間指導するなど、妥当性を欠くような面もあったようだ。しかし、指導の場に学年主任や生徒指導が加わることはよくある」

「ダメなことはダメと注意するのは当然じゃないですか、隣のクラスの先生なんか廊下まで響く大声で注意している。その子のためにも、毅然とした態度できちんと指導しておくことは大切でしょ」

「家庭にも問題があったんじゃないのかしら、虐待とか……」

「自殺した理由に、いじめはなかったんですか」

三人の教師は、指導の結果が自殺につながったという事実に困惑した。

二〇一二年、新潟県上越市の公立高校の男子生徒（当時十七歳）が、ラグビー部内のトラブルをめぐる顧問の指導に対し、「何を言っても結局、最終的に悪いのは全部オレなんだ」と抗議の遺書をのこして自殺した。

当初、県教委は「体罰やいじめの形跡はなかった」「自殺にはいろいろな要因があり、特定できない」と説明していた。しかし、父親の「息子の名誉を回復し、真相を究明したい」との訴えに第三者委員会が設置され、調査を開始、四年後に「生徒の内面に十分な配慮を欠いたまま、問題行動に対する批判だけを行った一連の生徒指導が、最大の要因だったことは否定できない」との報告書を教育長に提出した。

「でも、普通に指導して、それで責任が問われるならば、だれも何も言わなくなる。引けちゃう」

「適当に、見て見ぬふりをする先生もでてくる」

「だったら、何もしなくていいの？」

三人は、沈黙してしまった。

現在のいじめ指導は、すべての権限が学校側にある。教師たちが〝自信をもって答えた「いじめ指導」〟のどこが問題なのかを考える。

## ●学校の考える〝いじめ〟とは

文部科学省による「いじめの定義」は、一九八六年度に始まり、一九九四年度、二〇〇六年度と書き換えられてきた。二〇〇六年度からは、「当該児童生徒が、一定の人間関係のある者から、心理的、物理的な攻撃を受けたことにより、精神的な苦痛を感じているもの」とされた。また、いじめの起こった場所は学校の内外を問わず、個々の行為がいじめにあたるか否かの判断は、表面的・形式的に行なうのではなく、いじめられた子どもの立場に立って行なうこととされている。さらに、いじめ防止対策推進法の施行にともない、二〇一三年度からは、「インターネットを通じて行われるものも含む」などの文言が加わった。

文科省は具体的ないじめの態様について、「冷やかしやからかい、悪口や脅し文句、嫌なことを言われる」「仲間はずれ、集団による無視をされる」「軽くぶつかられたり、遊ぶふりをして叩かれたり、蹴られたりする」「ひどくぶつかられたり、叩かれたり、蹴られたりする」「金品をたかられる」「金品を隠されたり、盗まれたり、壊されたり、捨てられたりする」「嫌なことや恥ずかしいこと、危険なことをされたり、させられたりする」「パソコンや携帯電話等で、誹謗中傷や嫌なことをされる」などをあげている。

さらに、「いじめ問題に関する基本的認識」（以下、「いじめ認識」と略す）というものがある。

一九九六年、文科省の有識者会議のひとつである「児童生徒の問題行動等に関する調査研究協力者会議」は、いじめ問題について、五項目からなる「いじめ認識」をだした。

［いじめ問題に関する基本的認識］

1―「弱いものをいじめることは人間として絶対に許されない」との強い認識を持つこと。

2―いじめられている子どもの立場に立った親身の指導を行うこと。

3―いじめは家庭教育の在り方に大きな関わりを有していること。

4―いじめ問題は、教師の児童生徒観や指導の在り方が問われる問題であること。

5―家庭・学校・地域社会など全ての関係者がそれぞれの役割を果たし、一体となって真剣に取り組むことが必要であること。

とくに「1」について会議は、「どのような社会にあっても、いじめは許されない。いじめる側が悪いという明快な一事を毅然とした態度で行きわたらせる必要がある」と意見した。

これが、今日のいじめ指導の指針となる「いじめ認識」であり、職員会議や研修会などのあらゆる場で、教師たちに周知徹底されるものだ。

ちなみに、一般に現場の教師たちが思いえがく「弱いもの」とは、男女差や体格差のほかに、心身に障害をもつ子ども、泣いていた子ども、逃げまわっていた子ども、集団に対してひとりの子どもなどと結びついている。また「毅然とした態度」とは、子どもが何を言っても「ダメなものはダメ」と引き下がることなく主張することだ。

国立教育政策研究所が小・中学校の児童生徒を対象に、いじめの加害経験と被害経験の割合を調査・報告している（「いじめ追跡調査2013-2015」、二〇一六年八月）。それによると、小学四年生から中学三年までの六年間に、「仲間はずれ・無視・陰口」といったいじめの被害者や加害者になった経験のある子どもの割合は、二〇一五年度はいずれも約九割であった。つまり、クラスの多くの子どもがいじめの被害者であり、また加害者でもあるのだ。となると、「いじめる側が悪い」という認識は揺らぐ。

## ●いじめの発見

いじめ指導の流れは、各学校によって多少の違いはあるが、おおむねつぎの手順となる。

**いじめの発見——事実の確認と調査——話し合い（謝罪と和解）——懲戒——保護者への連絡——教育委員会への報告——いじめ防止の取り組み**

おおよそこの手順にそって、具体的な問題点について探ってみる。

まず、「いじめの発見」から。

三十年以上も昔、勤務していた中学校の職員室には「生徒から相談を受けたら、初恋の人からデートに誘ってもらったと思え」と書いた札がかけてあった。中学生が教師に相談するのはまれなことなのだから、という含意だ。

いま、いじめを発見するために、学校の掲示板には「ひとりで悩んでいませんか？」とか「気軽に相談してね」などと書かれたポスターが掲げられている。いじめ防止週間やいじめ相談日、いじめ相談箱を設置する学校もある。

いじめの発見のありようは、子どもの年齢や発達段階に左右される。

たとえば、小学生のいじめは周囲の目につきやすい。子どもは身近な担任や保護者へ、いじめを訴える。しかし、中学生の時期は、人目につかないところでいじめが行なわれることが多く、発見が難しい。ネットいじめとなれば、手がだせない。また、いじめられた側は報復などを恐れ、事実を訴えることをためらうため、一段と発見は困難になる。

一九九四年、愛知県西尾市でいじめを苦に自殺した大河内清輝くん（当時、中学二年生）は、担任の調査に対し、「仲間（いじめた生徒）といると楽しい。離れたくない」と話した。家庭のお金が紛失したことについて父親が問いつめても、「知らない」と泣きじゃくった。養護教諭が身体のあざについて尋ねても、「走って防火扉にぶつかった」と話した。

ちなみに、清輝くんの場合も学校は「突然死」「いじめの事実はでていない」と説明し、校長は生徒に対して「軽はずみに人に話すな」と、事実上の緘口令《かんこうれい》を敷いた。

こうした隠蔽の問題がある一方、親や家族にもわからないいじめについて、学校だけを責めても、逆に教師たちを追いつめ、委縮させるだけとなる。

世間ではいじめ対応について、「子ども目線」とか「いじめを感知するアンテナ」などと言うが、ことは容易ではない。生徒本人がいじめを否定しているにもかかわらず執拗に迫った結果、「先生はわたしたちを信じていないのですか」とソッポを向かれた教師がいた。子どもとの信頼関係が崩れては、学級はたちゆかない。

## ●いじめアンケートとは

いじめの発見のために行なわれるのが、「いじめアンケート」による調査だ。

いじめ調査は、国公私立の小・中・高・特別支援学校に義務づけられていて、子どもを対象に学校ごとに年に二～三回程度実施される。基本的なガイドラインだけ定められ、あとは学校が独自に作成・実施する。

一般にいじめアンケートでは、「あなたは、悪口を言われたり無視をされたりしていませんか」「あなたは、まわりでいじめを見たことはありませんか」などと質問する。

いじめアンケートにより、いじめの発見から解決につながるケースは多い。しかし、問題がないでもない。結論から言えば、小学生ならまだしも、中学生になるとアンケートにまともに答えないからだ。その理由について生徒は、「先生に言うと親に連絡される」「先生に言うと、その子がみんなのまえで叱られる」「友だちから告げ口したと言われる」「やっかいなことになる」「言ってもどうしようもない」などと言う。

「やっかいなことになる」と言った生徒は、「先生に相談すると、相手の子がすぐに呼びだされて注意される。友だちからは〝チクッた〟と非難されるし、家に連絡されたら親からもいろいろ言われる。何も言わないほうがいい」と説明した。

こうした子どもの不安の原因は、いじめ指導の不透明さにある。たとえば、「いじめた子どもをどこで、どのように注意するのか」「担任がひとりで指導するのか、それとも、ほかの教師も加わるのか」「どんないじめに、どんな罰則が科せられるのか」「保護者に連絡されるのか」「成績や進路に影響はないのか」「報復されないか」……など、何ひとつ明確でない。

また、年に二〜三回のアンケートでは、いじめが風化してしまう。四月にいじめを発見しても、七月のアンケート実施では、対応の時機を逸してしまう。アンケートは作成から集計まで学校独自で行なわれ、内容はマル秘扱いとされる。そのため、保護者は子どもが何に悩み苦しんでいるのか、知る機会を失う。

子どもの状況を的確につかむには、月に一度のアンケートは必須である。わたしの勤務校では、年二回では「子どもの実態を把握できない」と判断し、月一回のアンケートを実施したところ、毎月百件ほどのいじめ相談が寄せられた。教師の多忙化を促進せずに実現する手立てはある（第Ⅲ部で詳細を伝える）。

文科省は二〇一五年度のいじめの認知件数を二十二万四千五百四十件と発表した。現在行なわれているアンケートは、文科省にいじめ発生件数の数値を報告するためのものにすぎない。もしも月一回のアンケートを実施したならば、いじめの認知件数は十倍以上になるだろう。

## ●不鮮明な「調査」と「指導」

いじめが発見されると、まず担任がくわしい調査を行なう。いじめを解決するためには、きちんとした調査が必要不可欠だ。

担任はいじめに関係した子どもから、「いつ、どこで、だれが、何を、どうした」かを調べる。しかし、いじめの事実がわかると、一気にトーンが落ちる。いじめの動機など背景にまで踏みこむことはまれだ。ここがもっとも、世間の感覚と落差のあるところではないだろうか。

理由はやはり「いじめ認識」にある。

学校は文科省の指針にそって「弱いものをいじめることは人間として絶対に許されない」「いじめる側が悪いという明快な一事を毅然とした態度で行きわたらせる」と、いじめを指導する。つまり「いじめた側」がわかった時点で解決したも同然で、あとは「絶対に許されない」「ダメなものはダメ」と、毅然とした態度を貫けばよい。動機や背景にまで踏みこむことは、無駄なエネルギーを浪費するにひとしいということになる。

大人社会では、刑事事件が発生したときには警察が詳細な調書を作成し、検察側と被告側の双方が主張を述べ、それをもとに裁判所は、事実や経緯を吟味して判決を下す。調書がいいかげんならば、まともな裁判は期待できない。このように本来、「調査」と「指導（あるいは懲戒）」はべつべつに行なわれるものだ。

しかし学校では、いじめの「調査」と「指導」を並行して行なうのが一般的だ。たとえば、こんな感じだ。

「あなたが、友だちに悪口を言ったんだね」

「……はい」

「どんな悪口を何回言ったのですか」

「……バカとか死ねとか。十回ぐらい」

「あなたは、相手の気持ちがわからないのですか。悪口はいじめですよ、知っていますか」

「だって……」

「だっても何もありません。それに、相手の子を叩いたり、蹴ったりもしたのですね」

「……はい」

「いつ、どこで、何回ぐらいしたのですか」

「休み時間に運動場で、三回ぐらい……」

「相手の子は泣いていました。人を叩くとか蹴るとかいうのは暴力です。もっともいけないことです」

「だって……」

「だっても何もありません。いじめは人間として絶対に許せないことです。ダメなものはダメです」

「……」

「ちゃんと、相手の子に『ごめんなさい』と言いなさい」

「……」

「あなたは『ごめんなさい』も言えないの？　なんて強情な子かしら、あきれた。今日は残って、反省文を書いてもらいます」

これが、一般的な「いじめ指導」の実際だ（ただし、口調が女性であることに意味はない）。学校はいじめについて、「個人情報ですので、お話しできません」などと口にするが、じつのところは、いじめた側の動機や背景にまで踏みこんだ調査をしていないだけだろう。

また、いじめ指導の時間や場所については、授業の合間や休み時間（十分ていど）に廊下で指導する教師が多い。

悪質ないじめの場合、相談室などが利用されるが、そこは子どもと教師しかいない密室だ。録画や録音などはなく、交わされた会話の内容、言葉の音量や態度、子どもや教師の表情やしぐさはわからない。ケースによって、子どもひとりに対し、担任・主任・生徒指導の三人が向きあうことがある。これでは子どもと大人が相撲をとるようなものだ。

ちなみに、「いじめの早期発見・早期対応」にも「いじめ認識」が大きく影響している。

ある校長は、「いじめを発見したその日のうちに対応、その日のうちに解決」をモットーとしている。

本来なら、いじめた側とも、いじめられた側とも、きちんと話し合いをもち、動機から背景まで、ていねいに慎重に探っていくのが道筋だ。しかし、「いじめは絶対に許されない」「いじめる側が悪い」のだから、その必要はない。子どもがいじめの事実を認めたら、それで一件落着だ。だからこそ、「その日にうちに対応、その日のうちに解決」という芸当ができるのだ。

## ●問題の多い反省のさせ方

学校は「いじめた側」に謝罪させ、反省として懲戒を科す。

「校長及び教員は、教育上必要があると認めるときは、文部科学大臣の定めるところにより、児童、生徒及び学生に懲戒を加えることができる。ただし、体罰を加えることはできない」(学校教育法第十一条)

懲戒とは、辞書によれば「①こらしめいましめること。②不正・不当な行為に対して、制裁を与えること」(『大辞林』第三版)とある。つまり〝お仕置き〟や〝みせしめ〟である。

文科省は認められる懲戒について、「放課後、教室に残す」「授業中に、教室で立たせる」「掃除をさせる」「立ち歩いたりする子どもを叱って席に着かせる」「練習に遅刻した生徒を試合にださないで見学させる」などの例をあげている。ちなみに、中学生にこのとおりの懲戒を科したら、翌日から教師は、クラス全員から白い目で見られるだろう。車には大きな傷がつけられているかもしれない。

担任には、子どもの様子を見て、それぞれ自分の判断で指導を行なうことができる権利（一般には「自由裁量権」とよばれる）が認められている。

担任は子どもの性格や健康状態、人間関係や家庭状況などから総合的に判断し、「この子には、指導はここまでにしておこう」とか「あの子は放課後に残して指導しよう」などと指導の方法を決めている。

また個々の教師の判断によって、懲戒の中身は違ってくる。

何枚と反省文を書かせる教師もいれば、口頭ですませる教師もいる。大声でどなる教師もいれば、黙って聞いているだけの教師もいる。「これはいじめだ」と言う教師もいれば、「この程度はいじめじゃない」と考える教師もいる。軽微な違反に対し、みせしめとして重い罰則を科す教師もいれば、深刻で重大な違反に対し、軽い反省ですませる教師もいる。なかには、子どもが泣くまで叱る教師もいる。

こうしたやり方は、やはり問題が多い。担任によって懲戒にバラつきが生じるため、子どもは「いつも、ぼくばかり怒られる」「同じことをしても、あの子は注意されない」「先生は、わたしには厳しいのに、あの子には甘い」など、強い不公平感を抱く。

いじめ指導では、教師はつねに「指導する側」で、子どもはつねに「指導される側」だ。つまり、教師は子どもに対し、何を言っても、どんな指導をしても、よほどのことがないかぎり、責任を問われない。

その背景には、「子どもは未熟で未完成な存在」だから「教育の専門家（教師）がしっかりと指導・助言する」との子ども観・指導観がある。ゆえにいくら「子ども目線」などといっても、どうしても「上から目線」になってしまう。

## ●子どもがウソをつくとき

もちろん、どの教師も子どもの声に「そうなのね」とうなずいたり、「くやしかったんだね、先生もあなたの気持ちがわかるよ」と共感したり、愛情をもってやさしく接するように努力はしている。しかし、そうした指導が逆の効果を生むことがある。

子どもは自分が罪を犯していないにもかかわらず、「家族を心配させてはいけない」とか「自分がやったといえばすむのだろう」などと思って、首をたてに振ることがある。

二〇一五年十二月八日、広島県府中町の中学三年生の生徒が自殺した。担任は生徒が一年生のときに万引きしたことを理由に、「あなたには志望校の推薦をだせない」と言った。その後、万引きしたのはほかの生徒だったとわかり、保護者会で学校は謝罪した。担任は「生徒は万引きを否定しなかった」などと発言したが、こうなってはとり返しがつかない。

子どもは追いつめられると、ついウソをついてしまうことがある。そしてまた、子どもは教師からやさしくされるほど、「大好きな先生を悲しませてはいけない」「わたしがやったと言えばいいのだ」と、ウソをつくことがある。

## ●保護者は〝かやの外〟

保護者には、わが子を監護し教育する義務と責任と権利がある。親権・監護権として定められているものだ。離婚にさいした男女が、子どもの親権をめぐって激しく争うこともある。

わが子が友だちをいじめている、また、わが子がいじめられている、というとき、保護者は学校に情報提供を求めるだけでなく、もっと積極的にいじめ指導に参加する必要があるはずである。だが、現実には、保護者は〝かやの外〟だ。

子どもが帰宅してから「学校に行きたくない」とか「先生が怖い」などと口にすることがあ

る。勇気をだして学校に問い合わせても、「そんなことは言っていない」「聞き違いだ」と言われれば、保護者はその場にいなかったのだから抗議するすべがない。

学校は「いじめ指導」が終了すると、担任が保護者に結果を報告する。そして、最後にかならずつけ加える言葉が、「家庭でのご指導をよろしくお願いします」だ。つまり「学校ではここまで指導したから、あとの指導は保護者がきちんとしてください」とのメッセージである。

こうした対応に保護者は、

「突然、学校から電話があって、すぐに学校へ来てほしいと言われても都合がある」
「子どもがいじめに関係していると言われ、心臓が止まりそうになった」
「子どもは学校で預かっていると言われたとき、やっぱり子どもは人質なのだと思った」
「家庭での指導をよろしくと言われても、心の準備もできておらず、ただあたふたするだけだった」

などと批判的だ。

学校（教師）が保護者の代わりになって、子どもの面倒をみるという「親代わり論」は、けっして新しいものではない。学校制度が始まった明治から戦後も、そして今日まで、学校の伝統的な価値観として生きている。たしかに忙しい保護者にとって、学校がなにからなにまで面倒をみてくれるのは助かるかもしれない。

しかしそれが保護者に学校への依存体質を根づかせ、やがては保護者が子どもの教育・監督義務を怠るとの指摘もある。同時に、保護者が学校に何か言いたいことがあっても、「子どもが世話になっている」「よけいな口出しにならないか」と引いてしまうことになる。

また学校にとっても、家庭のしつけにはじまり、子どもに関するなにからなにまでを抱えこむことが、教師の多忙化を呼びこむことになる。

## ●原発避難した小学生に学校がかけた言葉

教師の多忙化は、いじめ指導に深刻な影を落とす。

東京電力福島第一原発事故で福島県から自主避難した中学生一年生の男子生徒（十三歳）が、避難先の横浜市の小・中学校でいじめられる事件が起きた。生徒は、二〇一一年八月に小学校二年生で転入した直後から、同級生にバイ菌あつかいされたり、叩かれたりした。いじめは続き、四年生のときはアザができるほどの暴力を受けた。小学生当時、本人は何度も担任に相談したが、返された言葉が「忙しい」だ。担任に逃げられていると感じ、それ以後、担任への相談はやめたという。

経済協力開発機構（ＯＥＣＤ）の二〇一三年の調査（国際教員指導環境調査）では、中学校の教員の一週間の労働時間は、参加国平均三十八・三時間に対し、日本は五十三・九時間と大幅に上回り、参加した三十四の国・地域のなかで最長だった。

二〇一六年、多忙化対策として、わたしの住む大垣市の教育委員会は通達をだした。「公立小中学校教職員の長期間労働は、日常化しており、外部有識者からなる岐阜県教職員コンプライアンス向上委員会からも『長時間の時間外勤務を前提として学校が成り立っていることは異常』等の指摘を受けています。この状況を受け、大垣市教育委員会では、『大垣市小中学校リフレッシュＤＡＹ（教職員も早く家庭に帰る日）』の徹底に取り組むことにしました。云々」

そして毎週水曜日、職員の最終退校時刻を十八時（中学校は十九時）と定めた。

それまでにも幾度か多忙化解消の訴えはあったが、教育委員会はスルーしてきた。外部からの後押しで、やっと重い腰を上げた。しかし学校現場からは、「とても仕事が処理できない」「水曜日に生徒指導上の問題が起きたら、どう対応したらいいのか」「水曜日のしわ寄せがほかの日にまわってくる」など批判的な声があがった。

それも当然で、仕事量が減ったわけでもなく、従来の仕組みのままで勤務時間数だけ減らされては動きがとれない。市内の某小学校の教頭は、ものの実施一か月で「うちの学校ではリフレッシュDAYは有名無実で守られていない。というより、とても守れない、仕事がまわっていかない」と口にした。

こうした仕組みの下で働いている教師たちは、やがて「異常」が「普通」になるほど神経が麻痺してしまう。いまの学校は、子どもがいじめ自殺するか、教師が過労死するかしなければ、見向きもされない異常な仕組みの上に乗っかっているのだ。

先のOECDの調査で、生徒指導にかかわる設問があった。

学級運営に対する自己評価で「学級内の秩序を乱す行為を抑えることができるか」の問いに、「非常によくできている」「かなりできている」と回答した教師は五二・七%で、参加国平均の八七・〇%を大きく下回った。つまり約半数の教師が、生徒指導に自信がないのである。

日本の教師たちは人一倍、一所懸命に努力しているにもかかわらず、その結果がでていないことになる。実際に、わたしの周囲でも「子どもの指導に自信がもてない」「子どもをどのように指導していいのかわからない」「荒れる子どもにどのように対応していいのかわからない」などの声をよく耳にする。

精神疾患による教師の病気休職者数は、二〇〇七年度以降、毎年五千人前後が報告され、在職者に占める割合も、文科省調査で一九九〇年から二〇一一年まででで三倍近くとなっている。

教師の自殺も増加傾向にある。

## ●罪つくりな〝いじめ撲滅宣言〟

いじめ指導の中心は、やはり学級担任だ。担任はひとりで、いじめ調査から保護者への連絡までをこなすが、その労力とストレスは並大抵でない。

学校は組織であり、いじめ指導にも役割が決められている。たとえばケガについては養護教諭、医療機関との連絡は保健主事、教育委員会への報告は校長や教頭、といったぐあいだ。深刻ないじめや子どもの生命にかかわる問題は、校長自身が教育委員会とつねに連絡をとりながら対応する。

担任はいじめ指導を終えると、学年主任や管理職に報告する。報告は市町村の教育委員会から都道府県の教育委員会へ、そして文科省へとあげられる。

つぎに、担任は「二度と同じ過ちをくり返さないように」といじめ防止に努める。その定番が「いじめ撲滅宣言」である。全国の小学校、中学校、高等学校の各クラスから児童会や生徒会、自治体までもが、多種多様ないじめ撲滅宣言をだしている。

「宣言します。三年一組はいじめを許しません」（加須市・クラスのいじめ撲滅宣言より）

「あなたのいる場所は、本当に心から楽しいと思える場所ですか？／私たちは、一人一人が互いに認め合い、安心してさわやかな学校生活を送るために『いじめは絶対に許さない』という強い決意のもと、いじめ撲滅に徹底的に取り組むことを今ここに宣言します」（熊谷市立中学校「いじめ撲滅宣言」前文）

「必ず返ってくるそのいじめ！　一生残る心の傷　そのいじめ、しない、させない、放置しない」（宮城県教育委員会・仙台市教育委員会・石巻市教育委員会の「いじめ撲滅キャンペーン」より）

こうした宣言文は、各教室から職員室までいたるところに掲示され、学校通信や学校のホームページにも掲載される。いじめ撲滅の歌やマスコット・キャラクター、いじめ防止のシンボルマーク、いじめ撲滅のネットワーク、寸劇まで登場した。

二〇一三年九月には、東京の文部科学省に全国四十三の中学校から生徒が集まって全国生徒会サミットが開かれ、文部科学大臣に対し「いじめ撲滅宣言」も行なった。

たしかに、撲滅宣言もいいだろう。全校で同じ文言を大声で叫べば元気もでるだろう。しかし、それでいじめが解決できるわけではないし、平和で安全な学校が実現するわけでもない。

当たりまえの話だが、いじめのない平和で安全な学校を実現するには、そのための、現実に即した具体的でたしかな施策と、学校や地域の不断の努力が必要である。いじめ撲滅の歌をどれほどうたっても、いじめは起きるときは起きる。

「いじめを許しません」と唱えればいじめがなくなると考えるのは、根拠のない希望的観測にすぎない。しかし、いじめ撲滅宣言文に反対することはできない。なぜなら、反対すれば、「あなたはいじめを認めているのですか。いじめは悪いことだと思わないのですか」とつめ寄られかねないからだ。

子どもがいじめを起こすと、「あなたたちは、撲滅宣言で『いじめは絶対にしません。いじめを許しません。見過ごしません』と言っている。なのにどうして、いじめをしたのか。あなたたちはウソをついているのか？」とつめ寄る教師もいる。

まさに「いじめ撲滅宣言」は、罪つくりな宣言である。

# 2 方針を決めているのはだれか

## ●一九九六年、校内暴力は過去最多

「弱いものをいじめることは人間として絶対に許されない」

「いじめる側が悪いという明快な一事を毅然とした態度で行きわたらせる」

この「いじめ認識」はどこか過剰に威圧的で、ピリピリとヒステリックで、イライラとした印象をぬぐえない。いったい、いつから学校は、このような空気をまとうようになったのか。

いまからおよそ三十年前、一九八〇年代から九〇年代にかけて、学校は病んでいた。全国でいじめを苦にした子どもの自殺が多発していた。

一九八五年一月十七日、静岡県富士市の中学二年生の男子生徒が踏切で飛びこみ自殺。同年一月二十一日、茨城県水戸市笠原中学二年生の女子生徒（十三歳）が自宅わきの電柱で首吊り自殺。二月六日、大阪府堺市の中学一年生の女子生徒が団地アパートの十四階から飛び降り自殺。九月二十六日、福島県いわき市の中学三年生の小川清二くんが自殺。十月十四日、群馬県富士村の中学二年生（十四歳）が農薬を飲み自殺。十一月二十日、東京都大田区の羽田中学二年生の女子生徒が自宅ベランダから飛び降り自殺……。

一九八六年二月一日、東京都中野区の富士見中学二年生の鹿川裕史くん（十三歳）が首吊り自殺。同年二月二十二日、大阪市橘小学校六年生の男の子がマンション屋上の貯水塔から飛び降り自殺……。

さらに一九九〇年代に入っても、いじめ自殺は続いた。

一九九一年九月一日、東京都町田市のつくし野中学二年生の前田晶子さん（十三歳）が線路に身を横たえ自殺。九四年七月十五日、神奈川県津久井町中野中学二年生の平野洋くん（十四歳）が自宅のクローゼット内で首吊り自殺。同年十一月二十七日、愛知県西尾市東部中学二年生の大河内清輝くん（十三歳）が首吊り自殺。同年十二月十三日、愛知県岡崎市福岡中学一年生の男子生徒がクレーンに紐をかけ首吊り自殺……など、とても書ききれない。

一九九六年度、公立の小・中・高等学校などで発生したいじめ件数は、わかっているもので約五万二千件、公立中学・高等学校で発生した校内暴力は過去最多の約一万一千件だった。

翌一九九七年には、神戸市須磨区で、当時十四歳の中学三年生が小学校の児童を殺傷する事件が発生、さらに九八年には栃木県黒磯市の中学校で、教師が十三歳の中学一年生に刺殺される事件が起きた。

当時、全国で中・高生による刃物などを使った殺傷事件が連続して発生した。学校はカッターナイフや刃物類の管理徹底を行なった。警察庁は、少年非行が戦後第四の上昇局面を迎えたと分析した。

## ●恐怖体験と管理教育

校内暴力はすさまじい勢いで全国の中学校を席捲《せっけん》した。

当時三十代だったわたしは、市内でいちばんのマンモス中学校で、市内でいちばんの「荒れた中学校」に赴任した。前任校の同僚たちは、「せいぜい中学生に殴られないように用心しろよ」と見送ってくれた。同僚のなかには「中学生になめられないように」と、頭を坊主刈りにした人もいた。

着任校での第一回の職員会議では「言葉づかいや髪型の乱れは、危険な黄信号」「授業での無駄話や宿題忘れは要注意」「学校が落ち着いているから授業ができる」などと確認した。また、指導の足並みをそろえるために、頭髪の色や長さ、スカートの丈、バッグの色や形、靴や靴下の色まで、学校・学年で〝共通理解〟がはかられ、どの子に対しても同じように〝一枚岩〟で、毅然とした態度で指導にあたることがよしとされた。

わたしは二年生の担任と生徒指導部に配属された。生徒指導部は、まさしく「荒れる学校」の最前線だ。

毎朝、勤務時間の一時間前に出勤して、バケツを持って校内をまわる。たばこの吸い殻でバケツは一杯になった。落書きや破損個所がないか校内巡視し、校門で生徒の服装や持ちものチェックをした。放課後はバレー部の顧問として指導し、その後は地域のパトロールにでかけた。帰宅が深夜零時をまわることもたびたびだった。日曜祭日も「部活で疲れれば、（中学生は）悪いこともできない」と練習に明け暮れた。

それでも、毎日のように事件が起きた。

授業中、酒に酔った生徒が教室の窓ガラスをたたき割り、飛び散ったガラス片が女子生徒の手首に刺さった。校舎内に乗り込んだバイクに、あやうく廊下で轢《ひ》かれそうになった。このときは本当に死ぬかと思った。授業中に火災報知器が鳴りだし、消防車が駆けつけた。

校内暴力の原因として、まず「親の教育力の低下」が問題となった。学校は親に代わって、学習や進路指導はもちろんのこと、基本的な生活習慣やしつけ面まで指導すべきとされた。まさに「親代わり論」の復活である。

もちろん、生徒の心を耕すための実践にも力を入れた。思いやりの心の育成として、道徳教育を中心にすえ、合唱コンクールや体育祭での集団競技が実践された。合唱や集団競技は、おたがいが相手を意識しなければできない。好き嫌いに関係なく、全校が大声で歌った。

教師たちはこうした指導について、「伝統を守るため」「子どもの安心・安全のため」「生命にかかわること」などと説明した。しかし、子どもの学習から生活まですべてを学校の管理下におき、子どもの自由を束縛する指導は、「管理教育」と社会から厳しく批判された。

### ●有識者による「いじめ認識」

いじめ自殺、不登校、校内暴力など、荒廃した学校の現状は連日のようにマスコミで報道され、国会でも取り上げられた。政府と文部省（当時）は早急の対策を迫られた。

それにはまず、国会で国会議員が「いまの教育はおかしい。学校はどうなっているのだ」とか「いじめや不登校がいっこうに減らないのはなぜか」などと追及する。すると大臣は、「ご指摘ごもっとも。早急に対応を協議し、有効な対策を講じる必要性を痛感している次第です」などと答弁する。

大臣は教育問題にくわしい有識者を集め、対応策を協議させる。具体的な対応策が決まると、都道府県や市町村の教育委員会を通じて、学校現場に通知する。すると校長は、教師たちに対して、職員会議や研修会で指導の徹底をはかるのである。

いくつもの有識者会議が開かれ、それまでの管理的で閉鎖的な学校から、地域に「開かれた学校づくり」へと一八〇度の方向転換がなされた。「ゆとり教育」「学校週五日制」「学校支援ボランティア」「学校評議員制度」「特色ある学校づくり」などの一連の改革は、この時期に提案された。

21ページでふれた「いじめ問題に関する基本的認識」も、文部科学省の有識者会議によってだされたものだ。二〇一三年の「教育再生実行会議」（メンバーは、内閣総理大臣、内閣官房長官、文部科学大臣など閣僚、委員には会社社長、大学教授、知事、スポーツ・教育コメンテーターなど二十名ほど）に引き継がれ、今日まで継続されている。

こうした有識者会議に対しては、かなり以前から問題が指摘されていた。

メンバーを選ぶのも、会議の資料などの準備も文部科学省だ。もちろん、地方の教育委員会や関係機関に選出を依頼することもあるが、ほとんどは文科省が、全国何千人だか何万人だかの有識者のなかから二十人ほどを選ぶ。結局、そのメンバーによっておのずと結論は決まってくる。

ましてや「教育再生実行会議」には、総理大臣や文部科学大臣など現職の閣僚が参加している。当然ながら、会議がかれらの意向にそった方向に流れるのは目に見えている。

ちなみに、他の省内にも有識者会議はあって、たとえば先進医療などについては、メンバー全員が医療にかかわるスペシャリストである。生命に直接かかわるから、素人がうかつに口出しできない。一方、こと教育に関しては、素人とかプロとかに関係なく、だれもが容易に意見を述べることができるのだ。

## ●〝リニューアル〟した校長誕生

しかし、いくら有識者会議の提案でも、現場の実態からかけ離れ、時代の流れから乖離している案ならば、どこかで捨て去られるはずだ。だが、有識者会議の「いじめ認識」は、いまも学校で生きている。

そのキーマンが校長だ。校長を管理・支配することで、「いじめ認識」を徹底させることができる。

方法はいたってシンプルである。まず、学校現場から適当な人間を教育行政職（教育委員会や文科省など）に引きぬき、そこでしっかりと学校管理のノウハウを叩きこむ。三年から五年ほどたったら、校長としてふたたび学校現場に送りこむのだ。姿かたちは変わらないが、中身はまったく変容した〝管理校長〟の誕生である。

舞いもどってきた校長は、現場教師たちにとっては、かつての同僚だ。校長が現場の実態にそぐわない言動をとっても、教師たちは「あの校長は昔からの顔なじみだし、世話になったこともある。ここは矛《ほこ》を収めるか」となる。

もちろん、顔なじみの校長ばかりではない。だが、校長には教師を管理・監督する強い権限が与えられている。

校長の権限は、教職員の採用・異動・懲戒に関する教育委員会への意見の具申（地方教育行政法三十九条）、勤務評価の実施（学校管理規則）など、法律で定められている。

校長にたてつく者がいたら、人事権で左遷することもできる。このため教師は校長に言いたいことがあっても、なかなかはっきりと口にだすことはない。

かつては現場一筋のたたき上げの校長がいたが、いまではそうした校長はいない。現場より行政経験が長い校長もいる。校長の異動サイクルは短く、二年か三年でつぎの学校へ異動する。とても地に足のついた教育は望めない。

保護者が学校と対峙するとき、まず壁となるのが校長である。ある校長は「自分でもおかしいとは思うが、そうせざるをえない」と、苦しい胸の内を語った。上意下達の仕組みのなかでは、いかに人格的に優れた校長であっても、そう動かざるをえないのである。まるで仕組みそのものが、意思をもって動いているかのようだ。

それにしても、この仕組みは、かえすがえすよくできていると感心する。

クラスでいじめが起きても、担任は校長の指導にしたがったと言い、校長は教育委員会にしたがったと言い、教育委員会は文科省の指導にしたがったと言う。さらに、文科省は有識者の意見にしたがったと言うだろう。有識者会議は合議制をとっているから、「みんなで話し合いました」と言えばいい。結局は責任をとる者が消える。

しかし、だれかが責任をとらねば、世間が黙っていない。いじめの現場にいちばん近いところにいるのは担任だ。結局は、担任が責任をとることになる。まさに、トカゲのしっぽ切りだ。現に、これまで担任の責任が問われたことはあっても、有識者会議のメンバーのだれひとりとして責任を問われたことはない。

もちろん、学校のトップとしての校長には「任命責任」と「監督責任」がある。しかし校長が左遷されることはあっても、ほとぼりが冷めればすぐにもどってきて、もとのイスに座る。

教育界は、まさに問題が起きるたびに、教育委員会や文科省の権限が強化される「焼け太り」状態にある。

## ●第四条「児童等は、いじめを行ってはならない」

あれほど批判された「管理教育」は、今日でも「指導」という表現に姿を変え、しぶとく生きている。

教室では「どの子も同じ」「子どもの安心・安全のため」「いじめは生命にかかわる」と言いながら、画一的な教育が日常的に行なわれている。わが校の「伝統を守る」と言いながら、合唱コンクールや集団競技が行なわれている。

そうした取り組みになんら疑問をもつこともなく、当然のように子どもたちを「指導」している教師とは、なんなのか。そして三十年前と同じように「家庭教育がなっていない」などと保護者を批判し、家庭さえも管理下においている。もちろん、すべての教師がそうではない。

二〇一三年、「いじめ防止対策推進法」が制定された。

同法の第四条は、「児童等は、いじめを行ってはならない」といじめの禁止を定めている。その中身は有識者会議の「いじめ認識」をそのまま踏襲し、学校と警察の連携までを盛りこんでいる。

この「いじめ防止対策推進法」に述べられた「いじめ認識」は、明らかに歴史に逆行する。しかし、だれも異を唱えられない。理由は、それが即、いじめ自殺した子どもや遺族に直接かかわってくるからだ。同法の背景には、大津市いじめ自殺事件や全国のいじめに対する怨嗟《えんさ》の声がある。

いじめた子どもや保護者への恨み、子どもを見殺しにした教師への恨み、いじめを隠ぺいした学校や教育委員会への恨み、そしてわが子を救えなかった親としての自分自身への恨みである。

全国の自治体では、いじめ問題に対する一段と厳しい対策が動きだしている。

わたしの住む大垣市では二〇一五年から、「大垣市いじめ等スクールサポートチーム派遣事業」を実施している。メンバーは、学識経験者、医師（精神科）、弁護士、校長ＯＢ、警察ＯＢなどがあたっている。本当に、これでいいのだろうか。

一九九〇年代、校内暴力に対して卒業式に警察を入れた学校があった。補導された生徒たちは、「センコーは俺らを警察に売った」と吐き捨てた。いまでも、同窓会ひとつ開かれていない。学校はとり返しのつかない、高いツケを払ったのだ。

まさに「型どおり」の偏屈なこだわりと、無批判な「例年どおり」の継承が、学校を時代遅れにし、保護者を遠ざけている。

# ●3 子どもは学校でどう過ごしているのか●

## ●今日はみんなが〝よそ行き〟の姿

子どもが授業参観で見せる姿とふだんの教室での姿は別ものだ。学校も同様である。小学校の授業参観日、ふだんはなかなか学校での子どもの姿を見られない親たちは、この日ばかりはと、都合をつけて駆けつける。

教室の掲示板には子どもたちの作品が掲示され、授業や行事の活動の足跡が紹介されている。男性教師はネクタイにスーツ、女性教師もこざっぱり整えた服装で教壇に立つ。

団塊の世代がいっせいに退職し、最近は、小学校でも中学校でも若い教師が目につく。また、管理職も若返り、四十歳代の校長もいる。いわゆる世代交代だ。新規に採用された教師には、初任者指導員として、退職した元校長が指導にあたるケースが多い。

保護者は、「教室はきれいだし、落ち着いた雰囲気だ。担任も若くて元気そうだし、清潔な装いで好感がもてる」と思う。やがて授業が始まると、子どもたちはきちんと席に座り、教師のほうを向いて明るく気持ちのよい返事をする。

「よしよし、わが子もなかなかがんばっている。うわさでは、この学年は落ち着きがないと聞いていたけど、みんないい子ばかりだし、仲よくやっているじゃないか」

保護者は満足するが、これは「よそ行きの姿」だ。

前日には大掃除が行なわれ、教師たちは遅くまで残って保護者を迎える準備をする。教室はピカピカに掃き清められ、掲示物も真新しく貼りかえられ、破損個所はていねいに修繕され、廊下や教壇には花が飾られる。校長は、教室や廊下はもちろんのこと、ごみ箱からベランダまでチェックを怠らない。

教師たちもTシャツにジャージ姿から大変身。同僚には、参観日のまえにはかならず散髪に行く者もいる。女性のお化粧もふだんと違うように見える。そして、どの教師もニコニコ顔で子どもたちにやさしく声をかけるのだ。

## ●電子黒板もあるいまどきの教室

学級内のいじめは「教室」という空間で起きている。いったい子どもたちは、ここでどのような生活を送っているのか。まず、わたしの勤務する大垣市の小・中学校の教室を紹介する。

さて、教室に入るとまず目につくのが、きちんと並んだ子どもたちの机とイス、それに大きな黒板だ。

子どもの名前が貼られた四十脚の机とイスは、等間隔に並べられている。中学生ともなると体格も大きくなるので机と机のあいだは狭くなり、生徒ひとりがやっと通れるほど。最後列の生徒は、後ろのロッカーに手が届く。

一クラスの子どもの人数は、国の基準以外に都道府県の基準がある。岐阜県では小学校一年生から三年生と中学校一年生が三十五人以内。小学校四年生から六年生、中学二年生と三年生は四十人以内だ。

ちなみに小学四年生の場合、一学年の児童数が百二十人ならば、一クラス四十人で三学級ができる。一名増えて百二十一名になると四学級となり、三十一人、三十人、三十人、三十人の編成となる。たったひとりで、一クラス十名もの違いが生まれる計算となる。

机のなかには、整理箱、教科書、ノート、学用品などが入れられる。机の横のフックには、体育で使用する帽子や体育館用の運動靴がさげられる。イスに敷かれた座布団は、緊急避難用の頭巾として活用できる。

正面には大きな黒板と、その横に電子黒板が設置され、チョークに黒板消し、指示棒、タイマー、マグネットが置かれている。さらに教師の机、教科書や指導書を入れた棚、給食の配膳台、テレビがある。正面の壁面には、額に入った学校教育目標、学級目標、いじめ撲滅宣言(子ども人権宣言)、避難経路、時間割、時刻表、時計と並ぶ。

教育目標は、学校のめざす方針で「よく考える、仲よくする、やりぬく」(Y小学校)とか、「聡明な人間、豊かな人間、たくましい人間」(K中学校)などとある。

学級目標は、子どもたちが学級会で決めたクラスの目標である。そこには「団結」「協力」「友情」などのほかに、時代を反映して「絆(きずな)」や「CHALLENGE(挑戦)」「FRIENDSHIP(友情)」などの横文字も見える。横には教育委員会が作成した、「なくそうチクチクことば ふやそうホカホカことば」のポスターが貼ってある。

ほかにも、月々の重点目標(たとえば十一月は、「わたしたちは、友だちのよいところを見つけます」など)、生活目標「友だちのよいところを見つけよう」、学習目標「すすんで挙手して発言しよう」、掃除目標「掃除の仕方を工夫して、協力して掃除をする」、保健目標「よい姿勢をしよう」が掲示してある。

予定黒板には、授業内容や持ちもの、宿題などが書かれている。教室の側面には、年間行事予定表、給食の献立表、掃除などの係の分担表、クラス組織表、そして職員室への緊急電話がある。最近は、子どもが目移りしないようにと掲示物を減らす傾向にあるが、それでも最低限は必要だ。

教室内の横には夏用の扇風機が二台、冬用の灯油ストーブが一台、設置されている。教室の後ろには、掃除用具ロッカー（バケツやほうきが準備）、ごみ箱。壁面の上段には月ごとの学級の歩み、生徒会や児童会活動のお知らせ（ベルマーク収集や全校朝会の内容など）や各種コーナー（道徳や教科など）がある。コーナーは季節や時期によって、子どもの習字や作文、絵画作品などが貼り替えられる。

さらに廊下には、辞典・辞書類や習字道具や絵画道具などを入れる各種ロッカーが用意され、ほかにも魚や昆虫などの生きもの観察用の水槽などがある。中学校になると個人ロッカーが用意され、学用品以外に、部活で使用する道具や器具を入れる。

ベランダには、理科などで学ぶ植物が植えられたプランターや、火災時の避難用具が置かれている。窓は二重ロック構造。鉄筋の校舎は耐震強化された補強柱がクロスしている。

正直、こんな狭い空間に、よくもこれだけのものを押しこめるものだと感心する。

## ●一日のスタートは朝の会から

わたしの勤務校などを例に、学校の一日を見ていこう。

朝、職員が校舎の鍵を開けると、子どもたちがいっせいに下足箱になだれこむ。小学生は集団登校で八時前までには教室に入るが、遅刻して親に車で送ってもらう子もいる。

中学生は朝部活があるため、七時ごろに登校する生徒もいる。また、遠距離通学の生徒には自転車通学が許可されている。

一日のスタートは、「朝の会」だ。日直が教壇の前に並ぶ。

「これから朝の会を始めます。起立してください。おはようございます」

号令に合わせ、子どもたちがいっせいにあいさつをする。

つづいて「今月の歌」を合唱し、どのクラスも黒板正面に掲げられた「いじめ撲滅宣言」を読み上げる。つぎに担任が、出席欠席調べ、健康観察、教室の環境衛生点検を行なう。

「出席欠席調べ」は、子どもの出欠と欠席理由を調べる。家庭から欠席や遅刻の連絡がない場合は、すぐに家庭に連絡する。「健康観察」は、腹痛、頭痛、せき、身体がだるいなど以外に、朝食を食べたか、排便があったかなどをチェック。「教室の環境衛生点検」は、教室の気温や明るさ、黒板の反射、騒音などについて点検する。

これらは朝いちばんに保健室で集計され、養護教諭から管理職に報告される。児童虐待についても注意を払い、何かあった場合、傷やアザを調べるだけでなく、理由まできめ細かくチェックする。

つぎに、宿題調べ、提出物調べ、忘れもの調べと続く。担任は、三回以上の忘れものをしたら反省文などの罰則を科す。それから、今日の目標、教科の連絡、担任の話と続く。

担任は、「最近、あいさつができていません。しっかりとあいさつしましょう」とか「相手の気持ちになって行動しよう」などの道徳的な説話をする。

日直が「これで朝の会を終わります」とあいさつする。

ちなみに、一日の活動を終えると、「帰りの会」が開かれる。「朝の会」も「帰りの会」も、十分から十五分ですませる。

帰りの会では、明日の予定の確認（持ちものや授業内容など）のほかに、一日の反省がある。子どもたちは、「今日の授業はどうだったか（無駄話や挙手・発言など）」「撲滅宣言に照らして、いじめなどはなかったか」について反省する。担任が子どもたちの反省を評価し、会は閉じられる。

## ● 授業開始から放課後まで

小学校では授業のスタートは八時四十分。中学校では八時三十分に一時間目の授業がスタートする。小学校では一単位時間が四十五分で、中学校は五十分。授業と授業のあいだの時間にトイレやつぎの学習の準備をする。

中学校では教科によっては学習場所が異なる。生徒たちは体育館・運動場・理科室・音楽室・美術室・技術室・家庭科室・パソコン室へと、廊下を移動する。生徒は廊下で教師や部活の先輩に会うと、「おはようございます」「こんにちは」などとあいさつする。

■ K中学校の週時程表

| 時刻 | 活動名 |
|---|---|
| 7：30～ 7：50 | 朝の活動<br>（全校活動、朝の奉仕活動、部活動、生徒会活動など） |
| 8：00～ 8：20 | 朝の会 |
| 8：30～ 9：20 | 1時間目 |
| 9：30～10：20 | 2時間目 |
| 10：30～11：20 | 3時間目 |
| 11：30～12：20 | 4時間目 |
| 12：20～13：00 | 給食 |
| 13：00～13：20 | 昼休み |
| 13：20～14：10 | 5時間目 |
| 14：20～15：10 | 6時間目 |
| 15：20～15：35 | 掃除 |
| 15：40～16：00 | 帰りの会 |
| 16：00～ | 諸活動 |

■ Y小学校の週時程表

| 時刻 | 活動名 |
|---|---|
| 8：10～ 8：20 | 朝の活動 |
| 8：20～ 8：35 | 朝の会 |
| 8：40～ 9：25 | 1時間目 |
| 9：30～10：15 | 2時間目 |
| 10：15～10：30 | 中休み |
| 10：35～11：20 | 3時間目 |
| 11：25～12：10 | 4時間目 |
| 12：10～12：55 | 給食 |
| 12：55～13：15 | 昼休み |
| 13：20～13：35 | 清掃 |
| 13：45～14：30 | 5時間目 |
| 14：35～15：20 | 6時間目 |
| 15：25～15：40 | 帰りの会 |

英語の授業では、ＡＬＴ（外国語指導助手）が入る。フィリピン、マレーシア、アメリカ、スコットランド、アイルランド、オーストリア、イングランドなどの出身者がいる。日本の学校は〝座学〟が中心のため、身振り手振りつきの会話やゲームや歌形式の英語の授業は子どもにとって新鮮だが、小学校ではテンションが上がりすぎて収拾がつかなくなることもしばしば。係の「起立、これから〇〇の授業を始めます」「お願いします」で授業はスタート。終わりは「起立、これで〇〇の授業を終わります」「ありがとうございました」と号令する。

小学校でも、図画工作・音楽・家庭科・理科は専門の教師が指導することが増えている。また、子ども四十名による一斉授業では、一人ひとりの理解を把握することは難しい。そのため、教師が複数つく授業がある。ティーム・ティーチングと呼ばれるもので、複数の教師が役割を分担して授業を行なう。あるいは、授業についていけない子どもに補助の教師がついたり、クラスをグループに分けて学習したりする。だが、そうした授業は、小学校ならば算数など一部の教科に限られている。

教師は子どもの机のあいだをまわりながら、できている子やできていない子を把握して、必要な手助けをしたり指示をだしたりする。机間巡視または、机間指導と呼ばれる指導法である。

机間巡視について、小学校を退職して自宅で塾を開いた元教師は、こう語っている。

「机間巡視は子どもの横をサーと通りすぎるだけ。見た目で子どもたちは理解したような気がしていた。でも、塾で実際に子どもの横に座ってみると、子どもは計算式でも、ただ機械的にこなしているだけで、どうしてそのようにやるのか、仕組みや構造がわかっていないことに驚いた。日本人が論理的思考に弱いというが、こうしたところにも問題があるのかと思った」

さて、午前中の授業が終わると、お楽しみの給食の時間だ。

給食は、当番が忙しく働く。食管に盛られたご飯やおかずは均等に四十等分しなければならないが、これは子どもにとって至難の業だ。「ぼくのおかずが少ない」とか「わたしのデザートがない」などのトラブルは、日常茶飯事である。

午後の授業が終了すると、掃除をすませて下校となる。わたしの勤める小学校では不審者対策の一環として、学年による集団下校を実施している。

中学校は、放課後に部活動がスタートする。活動時間は、日没を目安に季節ごとに異なる。試合前になると、特別に活動時間が延長されたりする。部活の強豪校や県や市の強化指定校になると、土日に練習試合や遠征試合が計画される。

## ●もっとも危険な四月

四月の学級開きから、わずか数週間たらずでおかしくなるクラスがある。

夏休み明けの九月は、統計的に子どもの自殺が多い要注意の時期だが、新学期スタートの四月は九月とならんで、もっとも注意すべき月である。

四月の学校は、それこそ猫の手も借りたいほど忙しい。どの学校でも、四月の行事予定は満杯だ。たとえば、こんな具合だ。

四月一日の職員辞令交付からスタートし、入学式、着任式、始業式、発育測定、町内仲良し会、命を守る訓練、登下校指導、視力検査、全国学力調査、学級写真撮影、職員写真撮影、授業参観、ＰＴＡ総会、学級懇談会、歯科検診、新入生を迎える会、家庭訪問、内科検診――。目白押しだが、中学校になると、さらに教科ごとのガイダンスや部活見学、部活決定が加わる。

学級では、「クラス替え」「学級開き」「席決め」「給食や掃除の係決め」「リーダーなどのクラス組織決め」「授業スタート」などがある。まさに子どもにとっても、教師にとっても、一年でいちばん多忙な月である。

とくに、学級開きまでの一週間は担任にとって、新しいクラスの名簿作成、教室の机・イスの準備に名札つけ、下足箱の準備に名札つけ、教科書やノート等の文具の準備、授業用具の準備（チョーク・黒板消し・色ペン・指示棒など）、給食の準備（エプロン・配膳・箸・コップなど）、掃除の準備（雑巾・ほうき・バケツなど）、教材選定と発注……など、仕事は山のようにある。

四月には新規採用の教師も入ってくる。世代交代の波を止めることはできない。どの都道府県でも、教員新規採用者に、講師経験のない直接採用（直採）を大幅に増員する。三月に大学を卒業したばかりの若者が、四月には先生として教壇に立ち、子どもを指導する。そんな若い教師にとって、学校は別世界だ。

クラス替えしたばかりの子どもも、それは同じだ。とくに、ピカピカの一年生にとって、見るもの聞くものすべてが驚きだろう。校舎は大きく、迷子になる子もいる。教科書が配布され、学習も本格的にスタートする。まさに四月は一年でいちばん不安定な月である。

## ●子どもが友だちに抱く不満

クラスにはいろいろな子どもがいる。

中学生に聞くと、人気がある同級生は、「リーダーシップを発揮できて、なにごとにも積極的な子」「気づかいができる優しい子」「頭がよくて、わからないところを教えてくれる子」「運動ができる子」「ひょうきんでおもしろい子」「笑顔で明るい子」「清潔な子」などだ。

逆に、嫌われるタイプは、「いちいちうるさい子」「頭ごなしに決めつける子」「大げさな子」「人によって態度が違う子」「陰で悪口を言っている子」だという。

また、わたしは勤務する小学校の三年生から六年生の児童およそ二百人に、友だちの〝イヤなところ〟についてアンケートをした。

「Aさんは、いつも物でつろうとする」

「Bさんは、いっしょに遊ぶ約束をしたのに、ほかの子と遊んでいた」

「あの子は人のえんぴつを落としたのに、『わざと落としたんじゃない』と言ってあやまらない」

「Cさんはすぐにすねて、自分の意見を通そうとする」

「Dさんは自分がやったのに、ぜったいにやったと言わない」

「友だちはぼくの持っているものを『ほしい』と言って、『あげない』と言ったら、いつも『ばか、けち』と悪口を言う」

「あの子は、すぐに成績やテストのことを人のまえでじまんする」

「あの子は、言ったらあかんよと言ったのに、ほかの子にバラす」

「あの子のつくえには、ときどき給食のパンがおしこんである」

「あの子は、トイレのあとに手を服でふいている」

こうした事柄は、個々の子どもの性格や道徳心に深く根づいている。教師といえども、子どもの心に土足で踏み入ることはできない。

いじめられたわけでもないのに、不登校になる子どもがいる。ついこのあいだまで友だちの輪に入り、楽しそうに会話をしていたのに、ある日突然に学校からいなくなる。不思議なことに、学校も保護者も、そして本人さえ原因がわからない。

中学二年生のある女子生徒が、「友だちと話せない。話しているとイヤな顔をされる。ひとりでいることが多くなった」と担任に相談した。担任は、いじめられている様子もないので思春期の中学生にはありがちなことだと思い、「少し考えすぎではないか」とアドバイスした。しばらくして女子生徒は、学校に来なくなった。

イヤな顔をしたという友だちから話を聞くと、その女子生徒は「すぐに自分の自慢話をする」という。だから自分たちは、「ほら、またこの子の自慢話が始まった」と目配せし、「わたし用事があるから、バイバイ」と散っていったという。

大人社会でも、自慢話ばかりする、物や金でつろうとするといった、距離感がわからないような人はいる。ただ大人ゆえに聞き流したり、やんわりと注意したり、ほどほどにつきあうなどの対応ができる。しかし女子生徒は、どうして友だちが突然去っていったのかを理解できない。

友だちの輪のなかで、悩み苦しむ中学生がいる。

「いじめられているわけじゃないけど、なかなか積極的に話せない」

「話に入ろうとしているのだけれど、努力すればするほど無理に話を合わせているようで、自分がイヤになる」

「友だちとうまくやっていけません。どうしたらいいの」など。

二〇一六年夏に起きた、青森市の中学二年女子生徒のいじめ自殺事件では、そこにインターネットが深く関与していた。ネット上の掲示板などに、特定の子どもの悪口や誹謗中傷を書きこんだり、メールで配信したりする、いわゆる「ネットいじめ」だ。掲示板の削除などの対策があげられているが、学校がどこまで対応できるかは疑問だ。

# 第Ⅱ部

# 〝寝耳に水〟から始まる親の苦悩

# 1 「学校はいいことしか言わない」

……学校に二か月通いつめた母親

保護者が学校から受けとる通信には、「みんなの笑顔」「みんなで協力」「みんながんばった」などの言葉が並ぶ。けっして、「クラスに不登校が三人います」「今月の欠席者は五人です」「授業中に飛びまわる子がいて手を焼いています」などの文言は登場しない。

保護者向けの通信は、配布前に教頭・校長が内容を厳しくチェックする。個人情報や保護者が不利益をこうむるもの、保護者に誤解を与えるようなものは直ちに書き直しを命じられる。

そのために保護者は、いま学校で何が起きているのか、事実がわからない。

## ●「ママ、女の子が泣いてたよ」

鈴木明子さん（四十歳）が「学校はいいことしか言わない」と思うようになったのは、小学校三年生の娘の千夏さんの事件からだ。

それまでの鈴木さんは、娘の学校の通信や担任との面談の内容を信じていた。ＰＴＡ総会や学級懇談会でクラスをのぞいても、別段、気になることはなかった。それが〝よそ行きの姿〟だと気づかなかった。

ある日、千夏さんが鈴木さんにつぶやいた。

「女の子が泣いてたよ」

「女の子の筆箱が壊されてたよ」

「女の子がいじめられてるよ」

そんな話をするわが子に「かわいそうね」と相づちを打っていた鈴木さんが、「女の子」は千夏さんだと知ったのは、知人から「千夏ちゃん、学校で泣いていたよ。何かあったみたいよ」と聞かされたときだ。

鈴木さんは、知人の言葉に「まさか」と耳を疑った。たしかに入学当初から、「この学年は大変だよ。授業中に立ち歩いたり、廊下を走りまわる子がいる」などと耳にしていたが、それは一部のやんちゃな子どもの話で、千夏には関係ないと聞き流していた。

――廊下を走りまわる子どもが、千夏のいじめとどんな関係があるの。

鈴木さんには、まったく理解できなかった。

クラス替えをして、まだ一か月も経過していない。担任は、四月に教師になったばかりの若い男の先生。家庭訪問では、教育に対する思いを熱く語った。千夏さんはどんなクラスになるか不安がっていたが、新しい友だちもできて「学校は楽しい」と話していた。

ある日、クラスの男の子が千夏さんのノートに落書きをする事件があった。その日の夕方、担任から電話があり、学級内での千夏さんの立場が見えてきた。

千夏さんは正義感が強く、だれに対しても「廊下を走ってはダメだよ」「先生が授業中は立ち歩いてはいけないと言っていたよ」などと注意できた。注意された男の子たちが逆恨みして、千夏さんをいじめの標的に選んだのだった。

## ●母親がつづった記録

鈴木さんは、学校の許可を得てクラスを参観することにした。以下は、彼女が手書きでつづった記録のごく一部である。

5月16日　千夏が授業で発表したら、後ろの席の赤田くんが「ぼくが答えたかったのに、千夏が答えた。バカバカ」と席を立って、千夏を叩く。担任や学年主任などが対応。
5月17日　下校時にトイレに行くとスリッパがなく、市川くんが男子トイレと女子トイレのスリッパを重ね履きしていた。あとで見たら、スリッパは便器の水に浸けて濡れていた。
5月18日　千夏が給食当番中、舟木くんに筆箱の消しゴムをとられ、カバーを破られた。
5月28日　千夏がザリガニを持っていったかごを、赤田くんが投げて壊した。担任から、「相手の母親が謝罪したいとのことで連絡先を伝えてよいか」と電話がある。相手がどんな方かわからず、不安もあったが話をしたかったので連絡先を教える。
6月1日　小川くんが、千夏に与えた新品の水筒を投げて壊す。翌日、校長より電話があり、学校が水筒を弁償するという。
6月3日　市川くんが投げた下敷きが千夏の手に当たり、保健室で冷やす。その後、相談室で過ごす。指導員の元校長が、子ども全員を注意する。
6月不明　近藤くんが「千夏を殺す作戦を考えているぞ～」と言う。帰宅して（千夏さんが）

6月不明　号泣。学校に相談、担任、学年主任、教頭が対応。
近藤くんがほうきを振りまわすので、千夏が注意したら、逆に、ほうきで叩かれ手が腫れる。

6月6日　千夏が「学校に行かない」と言いだす。つき添って登校、相談室で学習。

6月8日　相談室登校、千夏が教室にもどるとクラスの子から「ズル～」「わ～る」「どうせ学校がいやなだけやろ」と言われ、泣く。千夏は、何回か深呼吸して教室に入る。今日のクラスの欠席は、早退もふくめ十一人。

6月9日　千夏が「学校がイヤだ。このクラスじゃなかったらいい」と壁に頭を打ちつけて泣く。担任の先生が迎えに来て登校。教室に入れず、廊下に机をだして授業。クラスの友だちから「なんで廊下やの、ズルイ」と言われる。

6月10日　千夏が「学校に行きたくない」と言いだす。説得する。
学校に対応について、「問題の子を別室で指導できないのか」「相手の保護者への連絡はしているのか、その反応は聞かせてもらえないのか」「千夏は被害者なのに相談室で自習、相手の子は先生とマンツーマンで指導というのは納得できない」と質問する。

6月13日　教頭が、「話せばそのときだけでも理解している」「相手の保護者にはその都度連絡している。個人情報なので、相手の保護者のことは話せない」「千夏さんが教室にもどったときに安定して過ごせるように指導している。相談室の日を増やし、先生もつくようにしていく」と回答。

6月14日　学校の先生には申し訳ないという気持ちはあったが、教育委員会に相談する。教育委員会から電話があり、学校を視察すると連絡。ほかの子のトラブルで、担任が職員室にＨＥＬＰの電話を入れる。

教頭先生と教育委員会の先生が廊下にいた。教室の状況や机のあいだを見て回る。夕方、教育委員会から電話があり、「暴れている子は、注意すれば直せるところもある。ほかにも、もっとひどい学校がある」と言う。

6月20日　千夏が登校をしぶり、つき添いで登校。親がいると安心するのか、休み時間にあまえて寄ってくる。この子にとっていいのか距離感に悩む。

6月21日　千夏を朝送る。教頭先生が駐車場から教室に連れていってくださった。途中で千夏の気分が悪くなり数回もどす。教頭先生から、「一、二時間目は相談室にいました。途中、気持ちが悪くなり、保健室で休んだら元気になりました。三時間目からは教室でがんばりました。昼からは元気そうでしたが、体調の面で気をつけて見てください。よくがんばっていました」と手紙があった。

6月22日　朝、千夏が泣いていた。赤田くんが教頭先生に廊下に引きずり出された。話しながら、廊下で寝ころんでいた。赤田くんは校長先生と話すと、落ち着いた様子。

6月23日　PTAの母親代表に、クラスのことを相談。

6月不明　カットに行ったら、千夏の頭に円形脱毛症が見つかる。ショックすぎる。友だちのお母さんから、自分の子どもも学校に行くと熱が出たり、眉毛を抜く自傷行為、チック症が出ると言われた。

以上は概略で、実際の記録は一日分がノート数ページにわたるものも少なくない。六月九日の記録のみ、ほぼ原文のまま紹介する（この記録は教師も読むことを念頭に書かれている）。

（千夏が）朝から学校には行かないと荒れていました。

妹を登校させる時間も遅れてしまいました。

なんとか学校に来たけど、教室には入れないと逃げ出しました。〝この学校じゃない〟と帽子のワッペンをひきちぎろうとして階段ですわりこみ、頭をガンガンしていました。

教頭先生がみつからず、職員室へ行き、校長先生が相談室につれていってくれました。

木よう日に町田先生が来て下さると。

お話しているうちに、（千夏が）ろう下なら授業がきけるというので机を出していただきました。落ち着いていました。

休み時間　友だちが出てきたら逃げだしました。〝色々きかれるのがイヤだ〟と。

クラスの子は私にもいっていました。

〝つかれているから〟というと〝ぼくたちもうるさいのがまんしているのに、ズルイ〟と。

道徳　赤田さんは席にすわらず、教頭先生が注意されていました。

中休み　（斎藤くんがこちらを向いていたので聞くと）

日比くんの本読みカードがゴミ箱にありました。だれが捨てたのかはわかりませんが、台紙はありませんでした。

図工　（千夏が）帰るといいましたが、先生が何度も声をかけて下さり、一緒に作品を手伝うとすこし良く（思うようになったようで）なって、笑顔でいました。よかったです。

鈴木さんは、二か月ほど学校に通いつめた。見ると聞くとでは大違いで、千夏さんのことだけにとどまらず、クラス全体が荒れていた。まさかここまで荒れているとは思いもしなかった。そして、荒れたクラスでいじめが起きることを知った。

## ●ここまでしないと動かないのか

鈴木さんはすがる思いで、知人のＰＴＡ役員にクラスの惨状と対策を訴えた。

ＰＴＡ会長が、校長に学級懇談会の開催を訴えた。当初は後ろ向きだった校長も、しぶしぶながら会の開催を決めた。

学級懇談会には、学校側からは新規採用されたばかりの担任、学年主任、校長、教頭、生徒指導担当が参加。保護者は、クラスのほとんどが参加した。なかには、なぜこの時期に学級懇談会が開かれたのか理解していない保護者もいたし、クラスの様子を知らない保護者もいた。

じつは、すんなりと学級懇談会が開かれたわけではなかった。鈴木さん以外にも、クラスの様子がおかしいと感じていた保護者が十名ほどいて、何度も「子どもの様子を知りたい」「学校の対応をきちんと説明してほしい」などと訴えていたが、校長は頑として聞き入れなかった。

保護者たちはＬＩＮＥで情報交換をし、先輩保護者から「保護者が個別で訴えるよりも、意見をまとめてPTA会長を通じて書面などで出すほうが効果的」といったアドバイスを得た。

ひとりの母親が知人の税理士に相談したところ、「教育委員会も行政監査の対象となっており、学校が保護者に不誠実な態度をとるのなら、行政監査の対象となる」というアドバイスも得られた。さっそくPTA会長を通じて行政監査の件を校長に伝え、学級懇談会の開催となったのだ。

ある母親は、「ここまでしないと校長先生は動いてくれないのか、残念でたまらない」と語った。学級懇談会にむけた保護者の思いは共通していた。

――若い担任は一所懸命にがんばっている。担任を潰してはいけない。あまりにも毎日、問題が起きすぎて、対応するのが精一杯なのだ。学校は、この一か月たらずのあいだにクラスで何が起きていたのか、事実を知らせてほしい。もし保護者にできることがあれば、どんなことでも協力したい。

母親たちは、学校がなにかしらの対策を提案すると思った。しかし、その期待は裏切られた。学級懇談会は、校長からの一方的な話となった。

「学校にはいろいろな子どもがいます。やんちゃな子や活発な子もいれば、無口でおとなしい子もいます。たしかに、授業中に立ち歩いたり、先生の指示を聞かない子もいます。しかし、ほとんどの子どもたちはまじめにがんばっています」

鈴木さんたちは呆気にとられたという。

――先生たちは日ごろ、子どもたち一人ひとりを大切にすると口にしている。なのに、どうして、そんなことを言うのか。

校長は続けた。「クラスには、いろいろな先生たちが応援に駆けつけている。授業中や昼休みに、教室や廊下で子どもたちに声をかけている。教育委員会にも応援をお願いしてある。子どもたちは徐々に落ち着いてきているので、長い目でもう少し見守ってほしい」。

――長い目とはいったい、いつまでのことか。

あいまいなまま、学級懇談会は具体的な提案ひとつなく散会となった。結局、クラスは何も変わることなく、年の瀬を迎えたのだ。

# 2 保護者同席の話し合い

## ……いじめた側といじめられた側

ほとんどの保護者は、「学校がおかしい」とか「授業中に立ち歩いている子がいる」などと耳にしても、「ふーん、そうなの」「心配だね」と相づちを打っていどで、「それじゃあ、確かめてこよう」と学校にでかける人は、ほとんどいない。

「昔だってやんちゃな子どもはいたし、立ち歩くぐらいはたいしたことない」「それに、下手に意見したら、先生からモンスターと見られかねない」などと自分を納得させる。

だが、人から聞いて想像するのと、実際に目で見るのとでは大きな違いがある。

鈴木さんは実際に目で見てクラスの荒れがわかったが、学校の側からすれば、「いま、三年生が荒れています」とか「授業中に立ち歩いている子どもがいます」などと保護者に連絡することは、まずしない。

ここからは、かつてわたしが中学校で実践した、子ども自身によるいじめ解決の場に保護者が同席したケースを紹介する。子どもと保護者が参加するこの仕組みは、第Ⅲ部の4で紹介する「子ども裁判」の実例だ。ここでは、保護者から聞いた話も組みこんで再現的に表現してみよう。なお、文中に登場する「担任」はわたしのことである。

## ●いきなりの呼びだし

父親が妻からその話を聞いたのは、会社から帰宅したあとだった。課長に昇進してから、めっきり帰宅が遅くなった。

「今日、由紀の担任から電話があってね。由紀がクラスの子から無視されたり、悪口を言われているみたいなの。それに、消しゴムや靴を隠されたこともあったらしいの」

「それって、いじめじゃないのか」

父親は、思わず口にした。若い夫婦にとって由紀は、それこそ目に入れても痛くないひとり娘だ。今年で中学二年生になる由紀さんは、がんばり屋で成績優秀、テストを見ると満点が目立った。やさしく親切で、だれとでもわけへだてなく接することができた。父親が課長に昇進したときは、パーティを開いてお手製のケーキで祝ってくれた。父親は自分でも少し甘やかしているとは思いつつ、娘のほしいものはなんでも買って与えたという。

「それでね、先生が言われるには、今度、相手の子も入れて話し合いをもちたいから、参加してほしいって」

「なんだって。由紀は被害者なのだろ、どうしてオレたちが学校に呼びだされなきゃいけないんだ」

「それがね、相手の親も参加するらしいの」

「いったい、どんな親なんだ、家庭で何を教育しているんだ。いじめが原因で学校に行けないとか、自殺する子どももいるんだぞ。もしそんなことになったら、ただじゃおかないぞ」

父親はまくしたてた。

「学校は、由紀をいじめたヤツにどんな指導をしたんだ」

「それがね、何があったかを調べただけで、相手の子が黙りこんでしまったらしいの。それで、ぜひともいっしょに指導したいってことなのよ」

——担任も担任だ。いじめたヤツはぶん殴ってやればいいんだ。

父親は、心のなかで思った。

## ●意外ないじめっ子

二日後、父親はいつもより早く退社し、夫婦で放課後の中学校を訪ねた。

「由紀さんの担任です。今日はご苦労さまです」

担任のあいさつに、父親は返事もせずに鬼のような形相でにらみ返した。教室には、ロの字に並べられた机に八名ほどの生徒が着席していた。窓ぎわに座っていた女性が、申し訳なさそうにペコリと頭を下げた。

父親は、いじめっ子の母親だと直感した。だから会釈を無視していじめっ子の姿を探したが、それらしい姿はどこにも見当たらなかった。

男子生徒が口を開いた。

「これから友だちの相談について話し合います。どうしたら問題が解決するか、みなさん積極的に意見を言ってください。まず保護者の方は、自己紹介をお願いします」

指名された父親は、簡単に自己紹介した。話し合いが始まった。

「林さんは、どうして由紀さんを無視したり、陰口を言ったりしたのですか」

由紀の正面に座っていた小さな女の子が、小さな声で「はい」と返事をした。

――この女の子が、いじめっ子？

父親は目を疑った。おかっぱ頭の小さな女の子は、由紀さんよりも背が低く痩せて見えた。どこからどう見ても、普通の中学生だ。髪を茶色に染め、ちゃらちゃらした格好の中学生を想像していた父親は、拍子ぬけした。

「林さんは、なぜ由紀さんの消しゴムや通学靴を隠したのですか」

「由紀さんが、とても迷惑していたのを知っていますか」

林さんはクラスでは目立たないタイプで、成績は中の下。家は母子家庭だ。由紀さんの母親は女の子の顔を見て、小学校のころに一度、娘の誕生会にきた子だと思いだした。由紀さんの会話のなかに、ときどき登場したこともあった。

――だったら、由紀にとって親しい友だちのはず。それがどうして。

母親は困惑した。

「林さん、黙っていてもわからないよ」

隣に座っていた女子生徒が意見すると、女の子は静かに話しはじめた。その内容に、父親は驚愕した。

「わたしは、今度の定期テストは平均点以上を目標にがんばりました。お母さんも、いい点数だったら、外においしいものを食べにいこうねと約束してくれました。けれど、平均点に少しだけ届きませんでした。くやしかったけど、わたしは自分なりにがんばったのだから、しかたがないと思いました。でも、前の席の由紀さんは平均点よりもずっとよかったのに、『こんな点数じゃ、恥ずかしくて親に見せられない』と、テストをカバンの奥に押しこみました。由紀さんはあんなにいい点数なのに、どうしてそんなことをするのか不思議に思いました。そして、なんだかとてもイヤな気持ちになりました。つぎの日、いけないと思いましたが、わたしは由紀さんの消しゴムと通学靴を隠してしまいました」

林さんは続けた。

「由紀さんは頭もいいし、勉強もよくできます。わたしが勉強でわからないところがあれば、いつも親切に教えてくれます。由紀さんは、よく家族の話をします。家族と外国へ行ったとか、お父さんが課長さんになったとか……。わたしにはお父さんがいないからしかたないけど、ときどきイヤな気持ちになります。わたしの前でお父さんの話はやめてほしいと思うことが何度かありました。そんなとき、わたしは由紀さんを無視しました」

ふるえるような声で話し終えると、林さんは下を向いた。目を真っ赤にしながら言葉を紡ぐ女の子の姿に、父親は呆然となった。

――あやまる必要はない、あなたは悪くない。悪いのは由紀のほうだ。わたしだってそんな無神経なことをされたら、陰口を言うだろう。いちばん悪いのは、父親のわたしだ。

父親は、喉まで出かかった言葉をおさえた。少しまえに女の子の母親や担任にとった態度を思い、恥ずかしさと自己嫌悪で穴があったら入りたい気持ちになったという。

参加した生徒たちが、それぞれ意見を述べた。

「人の消しゴムや靴を隠すのはよくない、でも由紀さんも少し反省する点はある気がする」

「テストや家の自慢話をされたら、わたしだってイヤな気持ちになると思う」

「林さんの気持ちはわからないでもない。でも、ものを隠すのはよくない。由紀さんに直接言ったらいいと思う。ぼくが友だちなら、きっとそうする」

「言うのが難しいなら、手紙なんかいいんじゃない？」

父親は、生徒たちの意見にうなずいた。

「では、林さんと由紀さんは意見を言ってください」

ふたりは起立すると、おたがいに手の届くところまで歩みでた。

「消しゴムや通学靴を隠したり、陰口や無視をしてごめんなさい。わたしは、とても反省しています。これからは気をつけます」

さきに、林さんが頭を下げた。

「林さんは、あやまる必要はないです。わたしが林さんの立場なら、同じことをしたかもしれません。林さんは、わたしに大切なことを気づかせてくれました。本当にありがとう。これからも、仲良くしてください」

ふたりはたがいに手を差しだし、笑顔で握手をした。生徒たちから拍手が起こった。父親も目を真っ赤にして、ふたりに大きな拍手をおくった。

会が終わると、父親は林さんの母親に走り寄り、深く頭を下げ、そして担任の前に来た。

「先生には大変失礼な態度をとってしまいました。お許しください。今日、林さんや生徒さんたちの意見を聞いて、親として反省することがたくさんありました。このような会を開いていただいて心より感謝します」

## ●まさか、うちの子が

タカシさんの母親が学校から連絡を受けたのは、先週のことだった。

「わたくし、タカシさんの担任です。いつもお世話になっています。少しお時間よろしいですか。じつは、学校で行なった生徒向けのアンケートに、『タカシくんに叩かれた』『タカシくんが人の顔にキスしたり、人の嫌がることをやる。やめてと言っても、やめない』と相談が寄せられました。一度その件について、タカシさんと相手の生徒と話し合いをもちたいと思います。ぜひ、親ごさんにも出席をお願いしたいとお電話した次第です」

中学一年生で坊主頭のタカシさん（十三歳）は三人兄弟の末っ子で、ジョークやものまねで人を笑わせるのが大の得意。少し短気な面もあるが、叱られるとすぐにすねる。

家族はスポーツ一家で、父親は野球少年団のコーチ、母親はマネージャーをしている。タカシさんはピッチャーとして活躍し、中学に入学後は迷わず野球部に入部した。

その日、夜遅く帰宅した父親に、母親は担任の話をした。父親は驚いた。

父親はつねづね、息子や野球少年団の子どもたちに、「人に迷惑をかけてはいけない」「人のいやがることをしてはいけない」「相手の気持ちを考えて行動しろ」などと口にしていた。にわかには息子についての話を信じられなかったという。

「それで、学校はなんて言っているんだ」

「相手の子は叩かれたと言っているみたいだけど、タカシは『軽くさわっただけ』と言うの。友だちの顔にキスしたのも、冗談だって言うのよ」

「ならば、そうじゃないのか。タカシはピッチャーで腕力があるから、相手の子も軽くさわられただけで痛いと感じたのだろ」

「わたしもそうじゃないかと思うんだけど……」

「本人がそう言うのなら、そうなんだろう。親が子どもを疑ってどうするんだ」

「わたしもね、学校から電話があったときは『まさか、うちの子が』と思ったわよ。でも、わが子を疑うわけじゃないけど、相手の子の言い分も聞いてみたいから学校へ行くことにしたの。それに……」

「それに……？」

「帰ってから、あの子、様子がどうも変なの。いつもはご飯を山盛り何杯も食べるのに、今日はお茶碗一杯ですぐに部屋に行って寝てしまうし、なんだかわたしを避けているみたいで……。学校に行くまで三日あるから、もう少し様子を見ようと思うの」

## ● 子どもたちの意見

当日の放課後、母親は教室を訪ねた。中学生たちはそれぞれの部活に出はらって、教室や廊下は思ったよりも静かだった。

「先生、今日はタカシのことでご迷惑をおかけします。ところで、わたしはどうすればいいのですか」

母親はていねいにあいさつをすると、上目づかいに尋ねた。

「お母さんは、黙って生徒たちの話を聞いているだけでけっこうです。最後に、お母さんがご意見を言う場は用意してありますが、何か質問や意見があれば、途中でも手を挙げていただいてけっこうです」

――ただ黙って話を聞いているだけ。

母親は一瞬、きょとんとした顔になった。教室に入ると、ロの字に並べられた机に、タカシさんと、彼の行動をイヤだと言っている三人の男子生徒、それに六人のクラスの代表がすでに着席していた。母親は、生徒たちから少し離れた場所に腰をおろした。

「時間になりました。これから友だちの相談について話し合います。どうしたら問題が解決するか、みなさん、積極的に意見を言ってください。そのまえに、今日はタカシくんのお母さんが参加しています。自己紹介をお願いします」

冒頭、司会の男子生徒が口を開いた。

「みなさん、はじめましてこんにちは、タカシの母親です。今日は学校の様子をうかがいにおじゃましました。よろしくお願いします」

母親は、やや緊張気味にあいさつした。生徒たちもていねいにお辞儀を返した。母親は少し安心した。しかし話し合いが始まると、雰囲気はガラリと一変した。

「タカシくんは、どうして人を叩いたりするのですか」

「冗談、冗談、軽くさわっただけ」

タカシさんは、相変わらずの調子で答えた。

「パチンと音がしたし、ぼくは叩かれたところが赤く腫れあがった。それがどうして軽くなの。タカシくんに叩かれて、痛いと泣いている子もいたし、連続十回以上も叩かれた子もいた」

叩かれた生徒が、目を吊り上げて、にらみつけるように言った。

「タカシくんは肩にもたれて、顔をなめたりキスをしてくる。気持ち悪いからやめてと言っても、何度でも抱きついてくる。どうして、そんなことをするの」

「……べつに」

「べつにじゃわからない。はっきり言ってよ」

「言ってもしかたがない」

母親は、子どもたちの真剣な表情を目の当たりにして、心の底から驚いた。

小学校でも友だちと問題を起こし、担任から「相手の子が迷惑している」とか「友だちが嫌がっている」といった電話を受けたことがあった。でも、「どうせ、子どもどうしのケンカだろう。大人がそんなに騒ぐほどのことじゃない」と思っていた。ところが、聞くと見るとでは大違いで、生徒たちの真剣なまなざしや悲痛な訴えが心を打った。

「タカシくんは、『先生にチクったら、殴る』と言っているけど、どうしてですか」

「……先生に怒られるのが怖いから……、それに」

「それに、なんですか、はっきりと言ってください」

「先生に知られると、親に連絡される……」

タカシさんは、母親をチラリと見た。母親は、近所でもよくあいさつができる自慢の息子が、自分の知らないところで人を叩いているなんて情けない、と思った。

「いくらゴメンとあやまっても、タカシくんは先生のいないところできっと仕返しにくる。ぼくは、信用できない」

意見したのは、母親も顔なじみの野球少年団のキャプテンだった片田くんだ。

——真面目で正義感の強い片田くんが、あんなに真剣に訴えるなんて。

母親は驚いた。

「ぼくも片田くんと同じ意見です。小学校のときもタカシくんは、友だちを叩いて担任の先生に注意された。口では『ごめんなさい、もうやりません』と言っていたのに、あとで『チクった』と叩いてきたことがあった」

男子生徒がつけ加えた。母親はいたたまれなくなって、思わず手を挙げた。

「司会者さん、ちょっといいですか。みなさん、本当にごめんなさい。あやまってすむことじゃないけど、本当にごめんなさい。みなさんのご心配はもっともです。今日、家族で話し合いますから、許してください」

母親は、拝むように手を合わせた。生徒たちは、母親の必死の訴えに同意した。会が閉じられると、母親は担任のほうへ駆け寄った。

「先生、今回のことは本当にご迷惑をおかけしました。子どもたちの真剣な姿に、胸が引き裂かれる思いでした」

「わたしのほうこそ、お子さんをお預かりしていながら気がつきませんで、誠に申し訳ありません」

「いいえ、息子は『先生にチクったら殴る』と友だちを脅していたのですから、先生がわからないのも当然です。悪いのは息子です。とにかく今晩、家族でじっくり話し合ってみます」

「わかりました。叩かれた生徒の家庭には、そのようにわたしから連絡しておきます」

「本当に、よろしくお願いします」

## ●両親そろって教室へ

翌日、父親は仕事を休み、両親がタカシさんを連れて、職員室の扉を開けた。

「先生、はじめまして。タカシの父親です。このたびは、息子が本当にご迷惑をかけました。昨日、母親からすべて話を聞きました。わたしたちの教育がなっていませんでした。息子には相手の気持ちを考えて行動しろと、つねづね言ってはきましたが、親としてまだまだ甘い面があったと反省しております。先生、今日は息子が暴力をふるった子どもさんやクラスの子どもたちにあやまりにきました」

担任は両親をタカシさんとともにクラスに案内した。

「みなさん、こんにちは、タカシの父親です。今日はみなさんにあやまりにきました。息子に暴力をふるわれたり、抱きつかれたりした生徒さん、そしてクラスのみなさん、本当にご迷惑をかけました。ごめんなさい」

父親は深ぶかと頭を下げた。

「昨晩、家族会議を開いて、息子には二度と同じ過ちをしないようにきつく注意しました。息子は、もう人を叩いたりしないと約束しました。今度、もし暴力をふるうようなことがあったら、おじさんに直接連絡してください」

そう告げると、父親は白色のチョークを持ち、黒板に向かって、カツカツと音がするほどに力をこめて自分の携帯電話の番号を書いた。

「みなさん、この番号を覚えておいてください。おじさんの携帯の番号です。何かあったら、直接ここに電話してください。すぐにやってきます。お願いします。本当に、今回はごめんなさい」

父親は、絞りだすような声で言うと、また頭を下げた。生徒のなかには、さっそく番号をメモする子もいた。

その後、タカシさんの暴力は消えた。

保護者の同席は、子どもに安心感を与えるだけではない。えてして子どもは、自分がされたことは親に言うが、自分がしたことや都合の悪いことは口にしない。そんな子どもの言動に振りまわされ、相手を非難したり感情的になったりするようでは、あまりに大人げない。そうならないためには、自分の子どもの言い分だけでなく、相手の子どもの言い分にもきちんと耳を傾けることだ。言葉だけでなく子どもの表情やしぐさを直接見聞きすることから、子ども理解へとつながる。このように保護者が同席する意味は大きい。

つぎに、わたしが近年の小学校での経験から得たことを伝える。

# 3 何が親子を追いつめたのか

……………〝問題児〟とその親

## ●クラスはわずか数週間で崩壊した

Y小学校は、児童数八百名あまり、教員数も四十名を超える大規模校である。

四月、体育館での始業式が終わると、いよいよ子どもたちと担任がはじめて顔を合わせる〝学級開き〟となる。小石校長は職員会議で、「学級開きからクラスの組織決め、そして授業のスタートまでの〝黄金の三日間〟で、クラスの一年が決まる」と、職員に熱く語った。

五年二組の担任は戸田先生（五十代）。教職歴三十年のベテランの女性教諭で、管理職からの評価も「教育熱心で指導力のある教師」と高い。三クラスある学年の主任を任された。

〝学級開き〟当日、四十人の子どもたちは、担任が何を話すのかドキドキしながら聞き耳を立てていた。

「あなたたちは、今日から五年生です。来年は最上級生です。全校のお手本となるよう、がんばらねばなりません。いつまでも、まえの学年を懐かしがったり、廊下で四年生のときのクラスの子とペチャクチャとお話ししている子はいませんか。気持ちを切り替え、五年生をスタートしましょう」

戸田先生は一日も早く新しい学級になじませようと、廊下で立ち話をしている子どもたちに対し、「いつまで、まえの学年の子とおしゃべりをしているの」「いつまで、まえのクラスを懐かしがっているのよ」と叱りつけた。

学年主任は自分の学級運営以外に、若い教師の指導にあたり、手本を示さねばならない。加えて、職員会議だけでなく、主任会議や運営委員会にも参加しなくてはならない。中堅教員としての研修会もある。かきこむように給食を食べ、子どもの宿題やドリルに赤ペンを入れる。トイレに行く時間さえとれず、膀胱炎になる教師も多い。

年度はじめの担任は、給食や掃除の係決めからクラス組織決め、授業の準備など、やらねばならないことが山ほどある。掃除当番ひとつをとっても、高学年は一年生の手伝いや特別教室の割り当てもある。ひとつでも歯車が狂うと、他学年の教師に迷惑がかかる。いけないと思っていても、つい大声で子どもたちをどなったり、長ながとお説教したりしてしまう。五年生にもなると思春期の入り口で、教師の指導に対し、陰でコソコソと文句を言う子もいる。戸田先生は「ダメなものはダメ」と子どもたちを叱った。

──あ〜あ、地獄の一年が始まる。この先生がいるかぎり、自由はない。

田口くんは、そう思ったという。周囲の仲間たちも、「またか」と肩を組んできた。クラスはわずか数週間で一気に崩壊し、荒れは学年全体に派生した。

田口くんたち数人の男の子が教室を飛びだし、学校中をわがもの顔で走りまわった。体育館に無断で入室し、ボールを持ちだして遊んだ。給食の食管から、勝手にデザートを持ちだして食べた。掃除のほうきをバットにして廊下で野球を始めた。

行動は日に日にエスカレートし、教室を抜けだす子どもが増えていった。トイレや教室の天井に穴があけられ、掲示物が破られた。教室のドアが蹴り倒され、大音響とともにガラスが廊下に飛び散った。授業中に火災報知器がけたたましく鳴りだした。消火器の粉がばらまかれ、廊下が真っ白になった。机やイスが壊され、壁いっぱいに落書きがされた。教室や廊下など、いたるところにガムやアメの包み紙が散乱した。

最初は男の子たちを注意していた班長や学級委員や周囲の子どもたちも、乱暴な振る舞いに、やがて口を閉ざした。「学校が怖い」「学校に行きたくない」と、泣きながら保健室や職員室に駆けこんできた子もいた。

生徒指導の担当や管理職が教室に駆けつけ、教室や廊下で飛びまわる子を注意した。そんな教師たちに対し、男の子たちは「いつもぼくばかり怒られる」と言い、「もう戸田なんか怖くないぞ」と担任の名前を呼び捨てた。

戸田先生は毎日のように、家庭訪問や子どもの指導で夜遅くまで勤務したが、体調を崩し、六月に倒れた。そのまま休職手続きをとり、年の暮れに退職した。隣のクラスの三十代中堅の男性教師はストレスから、年度替わりまであと一か月となった三月に休職した。

## ●紛糾する保護者会

荒れた学校の様子は、すぐに地域に知れわたった。ＰＴＡや教育委員会、市議会議員までもが廊下や教室を巡回した。小石校長はＰＴＡの要望を受け、緊急の保護者会を開いた。

保護者会は、冒頭から紛糾した。「先生の言うことをきかないような子どもは、クラスから追いだせばいい」と息巻く父親。「子どもが不登校になって、家庭はメチャクチャです」と泣きだす母親。異様な雰囲気に耐えきれず、席を立つ保護者もいた。

保護者会は予定の時間を過ぎても終わらず、保護者たちは口ぐちに「学校がどうしてここまで荒れたのか、納得のできる説明をしてほしい」「これらかどうするのか、しっかりとした見通しはあるのか」とつめ寄った。

小石校長は、「問題のある子どももいるが、ほとんどの子どもはまじめにがんばっている。子どもたちは徐々に落ち着いてきている。もう少し長い目で見守ってほしい」と説明した。

しかし保護者たちは、「いったい、あの家はどんな教育をしているのだ」「自分の子どもを注意できないのか」「あの母親はモンスター・ペアレントじゃないのか」とどよめいた。

校長は「長い目で」と言ったが、六年生になっても荒れはおさまらず、本当に学校が落ち着いたのは、かれらが卒業したあとだった。

## ●偏見と無理解と学校不信と

休職した戸田先生の代わりが決まるまでの約一か月、つなぎ役としてわたしがクラスに入ることになった。そこで見聞きしたものは、子どもたちの予想外の姿だった。

まず、わたしが知りたいと思ったのは、教室を飛びだした子どもたちは、いったいどんな子どもなのかだ。

田口くんは、いつも教師にすり寄ってくる甘えん坊。教師たちに敵意をむきだしにした山岡くんは、友だちが困っていると給食の食管を運んでくれる力持ち。廊下を走りまわった松本くんは、少年野球の県大会で優勝したスポーツ少年。友だちに手をあげた中上くんは、笑顔が素敵なひょうきん者。だれもが、どこにでもいる普通の子どもだ。それが集団になると徒党を組み、肩をいからせ、大人でもギョッとする目でにらみつけてきた。

そんな男の子に「学校は楽しい？」と質問すると、なんの屈託もなく「うん、楽しい」と答えた。理由をたずねると、「好きなことができて、好きなことが言える」と答えた。

一方、男の子たちの保護者は、この事態にどう対応したのか。

山岡くんの母親は、毎日のように教室を参観した。松本くんの父親は、運動会や学校の行事に先頭に立って協力した。中上くんの母親は、クラス員の家庭を一軒一軒訪問し、謝罪した。どの保護者も必死だった。

田口くんの母親は子どものことを、「兄弟三人のなかでは、いちばんに手のかかる子」と話した。幼稚園や低学年のころは「友だちを押した」「叩いた」といった理由で、よく園や学校から呼びだされたという。

母親はそのたびに仕事を休み、学校に足を運んで謝罪した。しかし、そうしたことが何回も何年も重なるうちに、「どうしてうちの子ばかり」とか「その程度のことは学校でなんとかしてほしい」などと思うようになったという。

こうしたケースは意外に多い。毎日のように学校からの連絡を受けて、「いつも自分の子どもだけ注意される」「うちの子は目のカタキにされている」と感じ、また「発達障害があるのではないかと言われた」など、不快感をいだく保護者がいる。

田口くんはなんにでも興味があり、「あの木はなんで大きいの」「どうして、あの家は赤い屋根なの」などと質問する。母親はイヤな顔ひとつせずに、「それはね、こういう理由だからよ」「お母さんはこう思うわ」と、穏やかに噛んでふくめるように答えていた。

にもかかわらず、「あの家庭は、子どもが悪いことをしても注意しない」「あの家庭は、子どもを虐待している」と、まるで根拠のないうわさ話がまことしやかに広がっていった。

やがて母親は、夜も眠ることができなくなり、食事ものどを通らなくなった。電話が鳴ると、「またいやがらせの電話か」と心臓が止まる思いがした。些細なことにイライラし、わけもなく涙がでてきたという。まさに、偏見と無理解が親子を追いつめていったのだ。

## ●クラスの人気者を友だちは支持した

四月当初、田口くんたちは、戸田先生に質問したという。

「どうして、廊下で友だちと話したらあかんの」

「どうして、給食は好きな子どうしで食べたらあかんの。まえのクラスは自由席だった」

「どうして、勉強が終わったら図書館へ行ったらあかんの。まえの先生はいいと言ったよ」

「どうして、授業中は友だちに聞いたらあかんの。話している子もいるよ」

ある女の子は、「わたしも田口くんたちの意見に賛成だった。どうして、まえのクラスの友だちと話をしてはいけないか、わからなかった。給食は好きな子どうしで食べていいと思った。でも、先生が怖くて言えなかった」と口にした。

田口くんが授業中に「わからへん、つまらんな、えへへ」と笑うと、つられてクラスの子どもも笑った。ある男の子は、「田口くんが笑うと、ホッと気持ちがなごんだ。わからないのはぼくだけじゃないと、少し安心した」と言った。

なんと、田口くんたちの言動に、クラスの子どもたちは共感していたのだ。田口くんたちは、ある意味で、クラスの子どもたちの〝代弁者〟だった。教師のあいだでは、授業中に立ち歩いたり、周囲の子に話しかけたりすることが問題行為とされていたが、田口くんたちはさほど深刻に考えていなかった。また、自分の友だちに対する言動を〝いじめ〟とは認識していなかったし、相手の子どもがどんな気持ちなのかを理解してもいなかった。

子どもたちが事の重大さに気づいたのは、勉強がわからなくなり、注意した班長や学級委員や友だちが仕返しをされ、いろいろな教師から注意され、そして戸田先生が倒れたときだ。ある男の子は休職した戸田先生に、「先生、ごめんなさい」と反省をつづった手紙を書いた。女の子たちは、「先生、早く元気になってクラスに帰ってきてください」とメッセージを送った。やがて田口くんたちは、クラスの子どもたちの支持を失い、孤立していった。

## ●年回りがよかったにすぎない

田口くんたちが卒業すると新しい校長が着任し、「学校改革」に着手した。指導力ある教師が、生徒指導や学年主任などの主要部署に割り当てられた。小・中学校の連携を強化し、生徒指導の研修会を開いた。児童会に「いじめ撲滅宣言」を作成させ、「わたしたちは、すすんであいさつをします」「わたしたちは、いじめや仲間はずれを絶対にしません」と、全児童と職員に朝の会で一斉唱和させた。

校長は「学校が落ち着いた」とアピールするために、教育委員会の生徒指導研修校の指定をとりつけ、PTA役員から地域の顔役までを招待し、全職員の公開授業を行なった。

しかし、学校は、けっして校長の指導で落ち着いたのではない。学校が落ち着いたのは、田口くんたちが卒業したからだ。たんに、年回りがよかったにすぎない。それどころか、教師たちはよりいっそう多忙となった。

日本全国、小学校でも中学校でも、学校が荒れたあとは、かならずといってよいほど人事の刷新が行なわれ、地域や保護者に学校が落ち着いたとアピールするために、生徒指導や道徳の研究発表が行なわれる。規範意識や道徳心の育成が叫ばれ、日常の学習活動から部活動まで、あいさつや礼儀が重視される。そして、児童会や生徒会を中心に「いじめ撲滅宣言」がつくられ、唱和されるのだ。こうした学校の活動は教育委員会が指導し、積極的に後押ししている。

# 第Ⅲ部

# 〝かやの外〟からの脱却

# 1 これからの「いじめ認識」と「いじめ対応」

## ●子どもは権利をもつ存在

これからのいじめ指導は、どうあるべきだろうか。

まず、第Ⅰ部で紹介したような「いじめ認識」と「いじめ対応」を新たにしなくてはならない。

「弱いものをいじめることは人間として絶対に許されない」

「いじめる側が悪いという明快な一事を毅然とした態度で行きわたらせる」

とし、ひたすら「いじめ撲滅」を叫ぶことでは解決にはならないこと、子どもたちの現実や保護者の思いとすれ違ってしまうことは、すでに見てきた。

新しい「いじめ認識」と「いじめ対応」を考えるとき、その根となる法の理念にさかのぼる必要があるのではないか。日本国憲法と教育基本法に、さらには「子どもの権利条約」や学校教育法に位置づけられた特別支援教育の理念にのっとり、これまでの教育の反省と成果をふまえつつ作成されねばならないのではないか。

教育の目的は、「教育は、人格の完成を目指し、平和で民主的な国家及び社会の形成者として必要な資質を備えた心身ともに健康な国民の育成を期して行われなければならない」（教育基本法第一条）と定められている。

学校教育については、「学校においては、教育の目標が達成されるよう、教育を受ける者の心身の発達に応じて、体系的な教育が組織的に行われなければならない。この場合において、教育を受ける者が、学校生活を営む上で必要な規律を重んずるとともに、自ら進んで学習に取り組む意欲を高めることを重視して行われなければならない」と、教育基本法第六条（二項）にある。

つまり、学校は子どもの発達段階にあわせ、子どもが学校生活で規律を重んじ学習意欲が高められるように、組織的にクラスや学校を運営するための創意工夫を凝らすことが必要不可欠だということだ。

国際法である「子どもの権利条約」（日本は一九九四年に批准）は子どもを「保護の対象」としてではなく「権利の主体」とし、子どもを、守る対象から「ひとりの人間」として「権利をもつ存在」として認めた。さらに、子どもが自分に関係のある事柄について自由に意見を表明したり、集まってグループで活動したりすることを保障した（子どもの権利条約「意見表明の権利」「結社・集会の自由」）。

特別支援教育（二〇〇七年より実施）は、「障害のあるなしに関わらず、教育上特別の支援を必要とする子どもに対し、一人ひとりの教育的なニーズを把握し適切な指導や必要な支援を行なうこと」とされる。

## ●これからの「いじめ認識」と「いじめ対応」

こうした観点をふまえ、わたし自身が学校現場で経験したことをベースに新しい「いじめ認識」のための視点を提案する。

いじめの態様や原因は、子どもの発達段階や個々のケースで異なる。あくまで「学級集団」を念頭にいじめを考察したことを、はじめにお断りしておく。

1 いじめは「荒れた学級・学校」に数多く発生する。

(「荒れる」とは一般に、「学級崩壊」や「校内暴力」などの教師の指示が通らない状態をさすが、一見、静かで落ち着いているように見えても、子どもたちの気持ちが荒み、自尊心や思いやりの欠如などによってバラバラな学級は「荒れた学級・学校」といえる)

2 「荒れた学級・学校」では、子どもが「意見を表明できない」「非民主的で不公平・不平等なあつかいをされる」など、子どもの権利が侵害されている。

3 「荒れた学級・学校」では、担任が指示・命令・叱責で子どもを支配している。教師の言動が子どもの心を傷つけ、いじめや不登校の引き金となる場合がある。つまり、「荒れた学級・学校」と「いじめ」と「不登校」はワンセットである。

4 「荒れた学級・学校」では、いまだに「管理教育」が行なわれている。

(「管理教育」とは、「どの子にも同じ量の宿題をだし、できないと罰を与える」「どの子にも同じ量の給食を与え、残すことを許さない」「どの子にも同じ課題を与え、できないと叱責する」「どの子にも同じ服装、同じ持ちものを強制し、違反すると罰を与える」などの画一的指導方法である)

5 「荒れ」は、小学校の場合は「勝手に立ち歩く」「教師の指示を聞かない」など表面に現れ、つかみやすい。しかし、中学校の場合は巧妙でわかりにくい。いじめも同様である。中学校の時期は「隠れた場所でのいじめ」や「ネットいじめ」など、とくに見えにくい。また、行為が〝プロレスごっこ〟や〝部活でのしごき〟などに変容し、巧妙でわかりにくい。
6 いじめは、「いじめる側」と「いじめられる側」が入れ替わることがある。とくに、小学校の時期は頻繁に入れ替わる。
7 小学校の時期は語彙や社会経験が少ないために、子どもの自己主張が受け手にとっては「いじめ」になることがある。

つぎに、「いじめ対応」について提案する。

1 いじめの対応は、保護者への情報公開から始まる。学校は、いじめが起きたときに保護者に情報を知らせるのではなく、いじめを起こさないために日常の情報を保護者に伝える。
2 いじめの対応は、子どもの発達段階、学年や性格におうじて行なう。
3 小学校の時期のいじめの対応には、教師や保護者など大人の支援・指導が欠かせない。ゆえにこの時期の指導は、保護者の参加を必要とする。
4 保護者の参加が、担任や学校の「管理教育」の助長・手助けにならないように留意する。
5 子どもの発達段階におうじた「子ども参加」を保障すべきである。いじめの解決による、子どもの自尊心の向上、自主性・主体性の育成までつなげるべきである。

6 中学校の時期は教師や保護者の支援・指導をけむたがる。この時期は学級会や生徒会などの自主的な組織を通じて、自己の意見を反映できることを学ぶことから、いじめの対応においても、自主的な取り組みのための仕組みが必要不可欠である。

7 いじめや不登校の原因に教師の言動がある。教師自身がみずからの人権感覚や人間性の向上に努力することは当然だが、限度があるケースもある。子どもたちが教師の言動について話し合うことができ、子どもたちと教師とで解決できる組織が必要不可欠である。

8 いじめの対応は、たんに「いじめが解決した」で終わらせてはならない。子どもの権利の尊重から、画一的な〝管理教育の脱却〟までつなげねばならない。管理教育の脱却とは、担任の学級経営や校長の学校経営における根本からの見直しを意味する。学級・学校経営への「子ども参加」と「保護者参加」を提案したい。

なお、わかりやすくするため「小学校の時期」「中学校の時期」と分けて書いたが、小学校高学年ごろから思春期に入り、中学生と同じような行動がみられることに留意する必要がある。

ここから、以上の提案を具体的に掘り下げてみたい。

## ●〝荒れた学級―いじめ―不登校〟と学級経営

「荒れた学級」と「いじめ」と「不登校」の三つの関係がつかめず、子どもの救済が遅れるケースがある。これら三つはたがいにリンクしており、「学級経営」で結びついている。

学級経営とは「学校における児童、生徒の基本的な生活単位である学級を、教育的な目的に即して組織化し、教育活動を充実させていく教師の仕事」と辞書にある（「ブリタニカ国際大百科事典」より）。

学級経営は自主的で創造的な活動であり、担任の力量なり指導力が試されるところだ。教育界で「あの先生は指導力がある」というときには、ほとんどの場合、「あの先生は学級経営に優れている」ということを意味している。

ちなみに「学級経営」と間違いやすいのが、「学級管理」だ。学級管理とは、クラスの子どもの人数や教室の照度・温度などの環境面、成績などの事務処理といった教育条件を適切に運営管理するものだ。たとえば、教室の温度は「十度以上、三十度以下が望ましい」とされ、照度は下限値が三百ルクスで、黒板の照度は五百ルクス以上であることが望ましいとされている。

担任は、教室がそうした環境にあるか、目を配る。

話をもどそう。小学校でも中学校でも、担任は学級を効率よく運営するためにリーダー（学級委員や班長など）を選ぶ。学校や地域によってさまざまだが、わたしがこれまで勤務してきた学校では、リーダーはクラス選挙や担任の指名によって選ばれ、日常の学習活動から合唱活動や体育大会などの学校行事まで、担任の右腕となって働いていた。

「授業中に立ち歩く子ども」や「廊下を走りまわる子ども」に対し、リーダーは「○○くん、授業中に勝手に立ち歩いたらダメだよ」とか「そんなことをしたら、先生に怒られるよ」などと注意もする。正義感や使命感の強いリーダーは、相手の子が立ち歩くのをやめるまで必死で声をかけつづける。しかし、注意された相手の子にとっては「教師の傀儡《かいらい》」にすぎない。子どもの言葉を借りれば、「いい子ぶりっ子」「担任の味方・ぼくたちの敵」だ。そのため、リーダーがいじめの標的になることがある。第II部の1で紹介した千夏さんのケースがこれだ。

リーダーにとっては、クラスをよくするためにがんばっているのに、どうして理不尽なあつかいを受けるのか理解できない。なかには不登校になる子もいる。

また、リーダーがいじめに関係した場合、担任の対応は微妙である。

「リーダーが背を向けたら、学級経営がたちゆかない」と考え、たとえかれらに非があったとしても甘い指導になることもある。

クラスの子どもたちはそんな担任に対し、「リーダーをひいきしている」と口にし、「いつも自分たちが悪者にされる」と考えるようになる。その結果、リーダーに対して陰で陰湿ないじめが始まるのである。

だからこそ、学級経営の見直しなくして、いじめや不登校の解決はないと言いたい。

## ●管理型では解決しない

今日、「管理教育」という言葉は死語になったかに思える。

だが、管理教育はいまも、「伝統を守る」「命や安全を守る」とか、さらには「やればできる」「あなただけ特別あつかいはしない」などといった巧妙な言いまわしでオブラートに包まれ、「指導」という名で教室のなかに生きつづけている。

しかし、いかにもっともらしく聞こえても、やはり中身は管理教育だ。子どもを支配し、束縛する以外のなにものでもない。

「どの子にも同じ量の宿題を与え、やってこない子どもに罰を与える教師」
「どの子にも同じ量の給食を与え、食べきるまで許さない教師」
「どの子にも同じ量の課題を与え、わからないと授業中に立たせる教師」
「どの子にも同じ服装を強制し、違反があると罰を与える教師」……

子どもの意見を聞くことなく、教師内だけで「ああでもない。こうでもない」と言いあい、「あの子は性格が悪い」「家庭に問題がある」などと勝手に決めつけている教師のなんと多いことか。そうした子どもの意見をないがしろにする行為が、子どもの権利を著しく侵害していることにまったく気づいていない。

学級が荒れると、担任の支援に、管理職や教育委員会から数多くの教師たちが乗りこむ。かれらは授業中に立ち歩く子どもを注意し、席に座らせる。教室を飛びだす子どもを制止して、叱りつける。担任の指示を聞かない子どもの横に立ち、監視する。校長は「いろいろな先生方が支援に入って、このクラスの子どもたちは徐々に落ち着いてきました」などと自慢げに語る。

しかし、子どもの思いは逆だ。

「また、担任の味方がおれたちを叱りにきた。うっとうしいなあ、早く帰れ」

小学生ならばいっときガマンするが、教師たちがいなくなればふたたび暴れまわる。中学生ならば登校を拒絶するか、学校を飛びだして地域でふらついたり、暴れまわったりする。担任も、「管理職や教育委員会がわたしを支援してくれる」と勘ちがいし、反省の機会を失う。担任の管理的な指導にメスが入らないかぎり、来年も再来年も同じことがくり返されるのだ。

まったく、子どもの支援になっていない。

保護者が学校に不満や不信感をもつ理由のひとつは、学校の変わらない姿勢にある。子どもの個性重視やニーズの把握といいながら、いまだに一律で画一的な管理教育が行なわれている現実にいらだっているのだ。

## ●学校の限界と八方ふさがりの教師たち

小学校での荒れの背景には、「家庭の問題」「学校・学級経営の問題」「社会変化の問題」が複雑にからみあっている。どれか一点だけ取り上げても、根本的な対策とはならない。「家庭の問題」についていえば、かつては「しつけは家庭でなされるべきで、しつけるべきときにしつけが行なわれていないと、子どもの規範意識の希薄さにつながる」などといわれた。

家庭でのしつけの重要性は言うまでもなく、家庭の教育力の低下が学校教育に影響をおよぼしていることは否定できない。しかし今日、格差社会での「子どもの貧困」や、貧困率の高いひとり親家庭の増加が、親のしつけをより困難にしている。

「学校・学級経営の問題」については、第一に学級定員数がある。小さな教室に四十人もの子どもを入れ、ひとりの担任に指導を任せることは限界にきている。教育は毎日毎時間の仕事だ。

にもかかわらず政府・文科省は、学級定員数の削減に無関心。それどころか、財務省は教員数の削減を口にしている。期待するのも虚しい。

教師のおかれた状況も深刻であり、多忙による精神疾患や自殺者をだしている。こうした背景が、教師たちを管理的な方向に向かわせる。

「社会変化の問題」ついては、指導の盲点でもある。社会の変化は子どもの日常に大きく反映している。

たとえば、自分のだした消しゴムのカスを掃除できない子がいる。聞けば、家ではお掃除ロボットが勝手にやってくれるという。トイレのふたの上にお漏らしした男の子がいる。聞けば、家のトイレは自動でふたが開くという。トイレで大便をして流さない子がいる。聞けば、家のトイレは自動で流れるという。床を水だらけにする子がいる。聞けば、雑巾を絞ったことがないという。食器を洗えない子がいる。聞けば、家では食器洗い機がやるという。「いただきます」をしないで給食を勝手に食べてしまう子がいる。聞けば、家での夕食はいつもひとりで食べているという。

もちろん、子どもに悪意はない。こんな子どもたちを怒るに怒れない。学校には和式便所もあるが、ほとんどの子が和式を知らずに入学してくる。雑巾がけなどしない家庭もある。かといって「トイレは自動でふたが開く仕様にしろ」とか「学校もお掃除ロボットを購入すればいい」などと言っても現実味はない。

なかには発達障害の子どももいる。注意欠陥多動性障害（ＡＤＨＤ）の子どもならば、教師・親向けには「どなったり叱ったりせずに、子どものいいところに目を向ける」「あれこれ細かいことを何度も指示しない」「がんばったらご褒美やポイントを」など、効果的な対応は示されている。問題は、そうした子どもをふくめての学級におけるいじめ防止策だ。

子どもは「もっとかまってもらいたい」「もっと遊んでもらいたい」「もっと、わたしを見てほしい」と思っている。小学校の時期はなおさらだ。そうした子どもたちの要求（ニーズ）に応え、教師たちの活動を支援する仕組みが必要不可欠なのだ。

# 2 突破口としての保護者参加

## ● 支援がほしい学校と協力したい保護者

ひとつの教室のなかに、いろいろな子どもがいる。トイレのスリッパを重ね履きする子、机に足をのせる子、授業中に立ち歩く子、教室を抜けだす子、ドアを蹴る子、人のものを無断で使う子、掃除をサボる子、廊下を走りまわる子、机に飛びのる子、時間を守らない子、教師の指示に従わない子……などもいる。

担任がひとりの子どもを指導しているあいだに、違うところでトラブルが起きる。行ったり来たりをくり返しているあいだに、いつのまにかクラスはおかしくなる。

学級の荒れは、こうした子どもたちへの対応の遅れにある。それがやがて大きなトラブルとなり、いじめや不登校へと発展する。いま、学校がいちばん求めているのは、こうした子どもたちを支援する活動だ。

一方で、「荒れた学級」に子どもを通わせる保護者たちの何人もが、「担任を潰してはならない」「保護者にできることがあれば、どんなことでも協力したい」と言う。両者の接点は、ここにある。

保護者が教師を支援し、学級が荒れ、いじめへと発展するのを未然に防ぐことができないか。その試みのひとつに、たとえば「学校支援ボランティア」がある。

学校支援ボランティアとは、「子どもたちの教育の役に立ちたい」とか「わたしでできることがあれば協力します」という熱い思いをもって、学校の教育活動や環境整備などを支援・補助するボランティア活動だ。支援ボランティアは、全国の学校で活躍している。

活動内容も多岐にわたる。たとえば学習支援活動では、本の読み聞かせや理科の実験の補助、部活動の指導補助や試合の引率補助など。環境整備では、花壇の整備や樹木の剪定、破損個所の修理、プールの掃除、遊具の塗装など。ほかにも、子どもの登下校の見守りや運動会の準備などがある。もちろん、ボランティアだから原則として、年齢・性別やライセンス、時間などの決まりや制限はない。

学校支援ボランティアは、一九九六年に中央教育審議会答申で、それまでの管理教育や学校の閉鎖的体質を反省し、「学校がその教育活動を展開するに当たっては、もっと地域の教育力を生かしたり、家庭や地域社会の支援を受けること」と提案されたことによりスタートした。

学校にもよるが、現在の学校は学校支援ボランティアの存在なくして成り立たないと言っても過言ではない。

ここから、わたしが小学校で出会った学校支援ボランティアを紹介していこう。

## ●〝トントントントン〟クギ打ち指南

河合妙子さん（六十歳）の仕事は、小学校の学校支援ボランティア。

毎朝、八時三十分に学校に到着すると、職員室の名札を「出勤」にする。教師たちに「おはようございます」とあいさつし、ボランティア控室で着替えをすませ、足早に教室へ。サクラ学級（特別支援学級）では、担任の教師と発達障害の七人の子どもが待っている。

河合さんの仕事は、担任の指示や指導を支援することだ。子育てが終わり、何か社会の役に立つ仕事がしたいと思っていたところ、教育委員会のＨＰに募集を見つけた。教員の免許も資格も必要ないし、時給千円の手当もつく。

子どもたちは河合さんのことを「先生」と呼ぶ。はじめて「先生」と呼ばれたとき、河合さんはうれしいような恥ずかしいような、おかしな気分になったという。

今日の一時間目は図画工作。金づちで木にクギを打つ。河合さんは、三年生の由香さんと翔太さんを連れて図工室に急ぐ。図工室には、交流学級の子どもたち三十人が着席している。

授業が始まり、担任が「手に気をつけて、金づちで木にクギを打ってみましょう」と指示をだす。いっせいに子どもたちが、トントンとクギを打ちはじめる。

「河合先生、何するの」

由香さんがたずねる。

「木にクギを打つのよ。金づちのこのところをしっかりと持って、はじめはトントンと軽く打つの」

河合さんは、担任の指示をわかりやすく由香さんに伝える。

由香さんがクギを打ちはじめると、「ぼくもやりたい」と、翔太さんも金づちを持ってトントンとクギを打ちはじめる。途中、由香さんと翔太さんがおしゃべりを始める。

河合さんは「はい、お口チャック。もう少しがんばって」と声をかける。クギ打ちが終わると、ほかの子を指導していた担任が寄ってきて、「由香さんも翔太さんも、とてもよくできました。今日はここまでです。来週はハサミを使った授業です。ハサミを持ってきてください。片づけをしたら帰ってもいいですよ」と、つぎの指示をだす。

河合さんは、メモ用紙に来週の持ちものを書く。翔太さんは、金づちを机の上に置きっぱなしで帰ろうとする。

「翔太さん、金づちとクギがだしっぱなしですよ。道具箱に、ちゃんと後始末します」

翔太さんが「はーい」と返事をし、道具箱に金づちとクギをしまう。

河合さんは翔太さんと由香さんを並ばせ、担任に向かって、いっしょに「ありがとうございました」とあいさつして、図工室をあとにした。

## ●「はじめまして、わたし保護者です」

浅野桃子さん（四十五歳）が学校支援ボランティアになったのは、地域の中学校の教師から、「子どもが好きならば、やってみたら」と誘われたからだ。学校支援ボランティアは、担任の指導の手助けと説明され、「それなら」と軽い気持ちで引き受けたという。

それまで学校はなんとなく敷居が高かったし、「先生」のイメージはネクタイにスーツ姿の、なんとなく近寄りがたいものだった。でも、あれは管理職か参観日だけの姿で、ふだん子どもたちと接するときはジャージやラフな服装だとわかった。子どもたちはまとわりついてくるし、休み時間は子どもといっしょに運動場を走りまわる。とても背広では活動できない。

学校支援ボランティアの初日、職員室で「はじめまして、わたし、保護者の浅野です」とあいさつした。少し緊張して、胸がドキドキした。

小学五年生の欣也さんは、三年生までは通常学級に在籍していた。授業中にじっとしておれず、教室を飛びだすなどの行動で担任を困らせた。保護者との話し合いで、音楽・図画工作・体育は通級で普通学級の子どもといっしょに勉強し、ほかの教科は特別支援学級で学習することになった。

欣也さんは気分にムラがあり、突然、暴れてものを壊したり、床に寝ころんで駄々をこねたりする。浅野さんはそんな欣也さんと向きあう。運動場に散歩にでかけて、クールダウンすることもある。

はじめて学校支援ボランティアとして校長と面談したとき、「いけないときは叱ってもらってけっこうですが、支援が困難なときは無理をせずに担任に連絡するように」と言われた。もちろん体罰や暴言はもってのほか、欣也さんには大声で叱ったりせずに、粘りづよく穏やかに接してほしいとも言われた。

あるとき、欣也さんが教室を飛びだし、行方不明だと大騒ぎになった。道路をひとりで歩いている欣也さんを見つけた浅野さんは、駆けよって抱きしめると、思わず大声で叱ってしまった。校長に報告すると、おとがめはなかった。

浅野さんは、「いろいろな子どもがいるのだな」「先生って大変な仕事なのだな」と思ったという。学校支援ボランティアを経験し、子どもや教師に対する見方や考え方が一八〇度変わった。浅野さんは四時間目が終わると、子どもたちにさよならをして、職員室で名札を返し、退校する。

## ●壁に折り紙が貼られた小さな教室

横幕民子さん（五十五歳）は、教室に入れない子どもの学習を支援する「相談員」と呼ばれる学校支援ボランティアだ。

横幕さんの仕事場である「相談室」は、教室の三分の一ほどのスペース。教師の机とイスのほかに、三人がけの長イスにテーブル、本棚、ロッカーがある。壁面は、子どもの描いた絵や折り紙、子どもの作文やイラストなどで埋められている。教室とは少し異なる空間だ。

相談室には、いじめなどで教室に入れなくなった子ども、学習についていけなくなった子ども、教師とのトラブルで教室を飛びだした子ども、そのほかにも、なんらかの家庭の事情や環境の変化で心を閉ざした子どもがやってくる。

横幕さんはそんな子どもたちと向きあい、話を聞いては、「こうしたらいいんじゃないの」とアドバイスしたり、担任と連絡をとったりして、学習や宿題を手助けする。横幕さんは子育てに仕事に、母親として女性として、幾多の経験を積んできた。子どもたちは、学校の先生とはひと味ちがう話に興味を示す。

「本当にいろいろな子どもがいて、だれもが悩みを抱えている」と横幕さんは言う。

横幕さんには教職経験も特別なライセンスもない。何十年もまえに、小・中学校のＰＴＡ役員を引き受けた経験があるだけだ。役員当時の横幕さんは、問題のある子の家庭に意見したり、教師の指導を批判したりしたという。いまでは、そのころの自分と重なる保護者に、「そんなことを言ってはいけないよ」と語っている。

一日何人もの子どもが横幕さんを慕って、相談室にやってくる。横幕さんは、まだまだ学校支援ボランティアの数が少ないと痛感している。

## ●登校支援で子どもたちから若さをもらう

佐藤ハルさん（七十五歳）は、通学する子どもたちに手を振る登校支援ボランティアだ。毎朝、緑のジャケットと帽子を身につけ、交通安全旗を手に横断歩道に立つ。

「○○ちゃん、おはよう、いってらっしゃい〜」

「アラアラ、○○ちゃん、荷物が落ちかけているよ」

落ちかけた荷物をカバンにしまってやり、子どもたちに笑顔で手を振る。すると、それまでポケットに手を突っこんで下を向いていた子どもが顔を上げ、笑顔で「おばちゃん、おはよう」と手を振って返す。ハルさんは、大の人気者である。ハルさんいわく、「子どもたちから若さをもらっているのよ」とのことだ。

愛犬を連れて、子どもといっしょに登校するのは森田作蔵さん（七十歳）。登校支援がてら散歩しているのか、散歩がてら登校支援しているのかは、はっきりしない。

子どもの登下校には危険が潜んでいる。子どもたちは、それぞれの地区から十名ほどで集団登校をしてくる。黄色の交通安全旗を持った六年生の班長を先頭に、一年生から二年生、三年生と続くが、一年生はどうしても遅れがちになる。

とくに、集合時間に遅刻してくる子を待つと、班長は早足になる。雨の日やランドセルが重いと、列が切れたりする。一年生の子が後ろの子に「遅いよ」と押され、転んで歯が欠ける事件もあった。車の往来の激しい道では注意が必要だ。学校でも、「車に気をつけて一列で登校する」「六年生の子は一年生の子の重い荷物を持ってあげよう」などの指導はしている。

それでも保護者からは、「子どもが集合時間に少し遅れただけで置いていかれた」「六年生に後ろから押された」といった苦情が絶えない。地域からも、「子どもの通学態度が悪い。道いっぱいに広がっている」「川に石を投げている子がいる」などと匿名の電話が学校にある。

森田さんも昔は、学校に匿名電話をしたひとりだった。しかし、いっしょに登校するようになって、「子どもは地域で見守らなくてはいけない」と考え方が変わった。森田さんいわく、「子どもたちから元気をもらっている」と。

子どもたちは学校支援ボランティアに感謝の気持ちをこめて、学年末に手紙と花束を贈る。登校支援ボランティアの方へは、「毎日、わたしたちの登校を見守ってくれてありがとう」と書かれた手紙が届けられた。

## ●昼休みの運動場に駆けつける大学生

わたしの小学校では毎年、夏休み明けの九月から七名ほどの教育実習生が来る。実習生のなかには、一か月ほどの実習期間が終わっても、学校行事を手伝ってくれたり、講義の休みに顔を出したりする学生もいる。

大学生の清水翔太さん（二十一歳）は、ときどき昼休みの小学校に顔をだしては、子どもたちと運動場でドッジボールや鬼ごっこを始め、いっしょに運動場を走りまわる。

運動場での事故は多く、学校の死角といえる。

ジャングルジムから落ちた、鉄柱にぶつかってこぶができた、鉄棒から落ちて頭を打った、肋木《ろくぼく》から落ちた、雲梯《うんてい》から滑り落ちて足を打撲した、ボールを蹴るときにミスしてボールに乗って転んだ、木の根っこにつまずいて転んだ、スプリンクラーにつまずいた……。思いもしないところで事故が起きる。壁と壁のすきまに頭を突っこんで抜けなくなり、消防隊員が駆けつけたこともある。

運動場でのボールの奪いあいから殴る蹴るのケンカになり、教室にもどって取っ組みあいの大ゲンカになったこともある。石をぶつけられてケンカになったことも、砂場で砂をかけられたことからケンカになったこともある。

清水さんは教育実習で、運動場での子どもどうしのトラブルが多いことを知ってから、いっしょに遊びながら遊具を点検し、ケガをした子を発見すれば保健室に搬送するようになった。

子どものあいだにもめごとが起きると、駆けつけて仲裁する。

ここまでに紹介したのは、特別な支援を必要とする子どもへの対応や教室の外での支援の実例だ。

つぎに紹介する学校支援ボランティアは、クラスの荒れに危機感を抱いた保護者が学校と粘り強く話し合った結果、実現したものだ。

## ● 母親たちと声をかけあって教室掃除

外山真理さん（四十歳）は、週に二度、掃除の時間に学校支援ボランティアとして、小学校三年生の子どもたちといっしょに清掃活動を行なっている。

はじめに担任の先生から、「今日からみなさんの掃除のお手伝いをしてくださることになった外山先生です」と紹介された。外山さんは少し緊張気味に、「外山です。みなさん、よろしくお願いします」とあいさつした。

「はじめに机といすを運ぶんだよ。ほうきは南から北に掃くんだよ」

「黒板係は、黒板をきれいにするんだ。無駄口はいけないよ」

と、子どもたちは外山さんに掃除の約束ごとを教えてくれた。外山さんは、「わたしも昔は、こんなにも小さな机で勉強していたのか」と懐かしくなったという。

掃除が終わると、子どもたちは「時間内にできましたか」「無駄話はありませんでしたか」などと、短い反省会を行なう。掃除の学校支援ボランティアには、外山さんのほかに三年生の保護者が常時七、八名参加している。

外山さんたちがボランティア活動をするようになったのは、子どもが授業中に立ち歩いたり、教師の指示を聞かなかったりといった、わが子のクラスの荒れを知ったのがきっかけである。

とくに掃除の時間は、ほうきを振りまわしたり、雑巾を投げたりして悪ふざけする子どもがいて、授業時間になっても掃除が終わらず、担任は手を焼いていた。臨時の学年保護者会が開かれ、掃除の学校支援ボランティアが決まった。

子どもたちは保護者の参加を歓迎した。悪ふざけはなくなったし、時間どおりに掃除が終わるようになった。掃除が苦手な子どもは、「ほうきの使い方が上手になったね」などと保護者から声をかけられ、前向きに活動できるようになった。

外山さんは掃除のボランティア活動をとおして、「やさしく声をかけても聞いてくれない子、教室の隅までていねいに掃除する子、バケツいっぱいに水を汲んでこぼしている子、雑巾がきちんとしぼれない子など、あらためていろいろな子どもがいると実感しました。なによりも先生との距離が近くなったと思いました」と感想を述べた。

第Ⅱ部の1で紹介した鈴木さんの学校も、保護者の粘り強い努力で、千夏さんたち三年生の各クラスで三学期から掃除ボランティアが実現した。子どもたちは、保護者の参加で落ち着きをとりもどしていった。

## ●いっしょに給食を食べるボランティア

山本大貴さん（四十一歳）は、小学校五年生の子どもを持つ父親だ。子どもを同じ学校に通わせる友人からクラスの様子がおかしいと話を聞き、フリー参観で給食を見学して驚いた。食器を持って立ち歩きながら食べている子、友だちのおかずに手を出している子、担任の指示を聞いていない子……。

子どもにとって給食は楽しみな時間だが、担任にとっては猫の手も借りたい時間だ。決められた時間内に、四十人もの子どもの食事をすまさねばならない。食管に盛られたご飯やおかずを四十人分に均等に分けることからして至難の業だ。

荒れたクラスでは、全員の配膳が終わっていないのに勝手に食べだす子、給食当番からおたまを取り上げて、好きなだけ勝手によそってしまう子、友だちのデザートを「ちょうだい」と言って勝手に食べてしまう子などがいる。山本さんは、教室のなかに、立ち歩いて食べているわが子を見つけた。

山本さんは担任と話し合いをもち、教室で子どもといっしょに給食を食べるボランティアをすることになった。

「今日から数日間、山本先生がみんなの給食のお手伝いをしてくれます」

担任の紹介に子どもたちは、「山本先生、お願いします」とあいさつをした。山本さんは照れ笑いをした。

山本さんと子どもたちは、さっそく給食の準備にとりかかった。給食当番の子どもがエプロンと帽子をつける。配膳台に運ばれた食管を開くと、白い湯気が立ち上がる。

今日のメニューは、れんこんのきんぴら、さけの香り焼き、けんちん汁、ご飯、牛乳、ヨーグルト。給食当番は配膳表を見ながら、どの食器に何を盛りつけるか確認する。均等に四十人分とするために、食管に盛られたご飯をしゃもじで縦横十文字に切りこみを入れ、四つの山に分ける。ひと山が十人分だ。

子どもたちが、手ぎわよくご飯やおかずを食器に分ける。山本さんは、担任が用意したエプロンと帽子姿で、お盆にのせた食器を配膳する。

「配膳が終わりました。足りないものはありませんか。今日は、おかずが少しあまりました。ほしい人は、合掌のあとに自分でよそいにきてください」

配膳台の前で、当番が過不足を確認する。

「手を合わせましょう。いただきます」

全員が合掌する。山本さんの机には懐かしい給食が置かれている。山本さんは前の席の息子に、「よく味わって食べろよ。給食のおばさんが、おまえたちのために一所懸命につくってくれたんだぞ」と話しかけた。

フリー参観で見たような立ち歩く子どもはない。どの子も楽しそうに給食をほおばっている。「大人がひとりいるだけで、子どもはこうも変わるものか」と、山本さんは自分の存在の意味に驚いたという。

## ●学校でのわが子の様子をこの目で見たい

学校支援ボランティアではないが、わたしの図画工作の授業を支援した母親を紹介する。

西村明美さん（三十二歳）には小学校三年生の娘がいる。娘の由香さんに、学校から特別文援学級への通級を打診され、気持ちが揺れていた。

学校は由香さんの様子について、「授業に集中できない」「課題ができないとイライラして攻撃的になる」など具体的に話をした。

じつは、小学校に入学したときから、そうした話は聞かされていた。しかし、友人からは「小学校低学年のころはだれもが落ち着きがない。でも、学年が上がるにつれて、だんだんと落ち着くよ」と聞いてもいた。

西村さんは、娘がほかの子と少し違うな、とうすうす感じていた。でも、せめて中学校を卒業するまでは、みんなと同じように普通学級で学ばせたいと思い、家庭では厳しくしつけ、学習をつきっきりで指導した。

由香さんがいままでどおり普通学級で学ぶのがいいのか、それとも特別支援学級で学ぶのがいいのか、親の世間体やエゴはないのか……、西村さんは心が揺れたという。どちらを選ぶにしても、一度、学校での娘の様子を自分の目でじっくり観察したうえで心を決めたかった。

その話を耳にしたわたしは、図画工作の授業の学校支援ボランティアとして西村さんを迎えることを、校長に提案した。

その日、西村さんは授業の始まる少しまえに図工室にやってきた。

「今日は、ゴムとビー玉を使ったおもちゃを作ります。お母さんは由香さんの作業をボランティアとして手助けしてください」

わたしは西村さんにそう告げると、教室に案内し、クラスの子どもに紹介した。

「今日は、西村由香さんのママが、みんなの図工の勉強をお手伝いしてくれます」

「は〜い、よろしくお願いします」

子どもたちは元気に返事をした。

わたしは西村さんに由香さんの隣の席を用意した。由香さんは「ママ、ここ、ここ」と笑顔で手招きした。

「由香ちゃんは絵を描くのがとても好きですね。ほかの子にも声をかけてください」

そう西村さんに伝えた。西村さんは子どもたちの作品づくりを見学しながら、「きれいだね」「おもしろいね」などと声をかけていった。一時間の授業は、アッというまに終わった。

西村さんは、由香さんの不得手な算数や国語は特別支援学級で、得意な音楽や図画工作などは普通学級で学ばせることにきめた。

## ●保護者が〝開かれた学校〟を創る

学校支援ボランティアによる保護者参加のようすを紹介してきたが、学校はクラスが荒れてからボランティアを導入するのではなく、荒れを未然に防ぐために積極的に保護者との連携を準備する必要がある。

市内のY小学校では、四月の入学式・学級開きに向けて、学校独自にPTAに呼びかけ、「給食配膳のお手伝い」「トイレの使い方や掃除のお手伝い」「登下校のつきそい」「教室で立ち歩く子などへの声かけ」といった学校支援ボランティアを募集している。

保護者の側も、学校支援ボランティアの仕組みを積極的に活用し、みずからの手で〝かやの外〟から脱却し、いっしょに開かれた学校を創るときにきている。

そのとき保護者は、学校支援ボランティアの活動が、「管理教育」の手助けにならないよう十分に留意しなければならない。その意味で保護者参加は、学校や学級のチェック機能も有するのだ。

学校支援ボランティアには、いまのところ元教師が多い。その理由は、学校の事情や教育技術に精通していること以外に、手続きが容易なことがある。退職や出産や家庭の事情で退職を希望する教師に対し、校長は、学校支援ボランティア（「支援員」とか「相談員」と呼ばれる）の打診をする。希望があれば、すぐに教育委員会の人材バンクに登録される。

一方、そうでない地域の人は、たまたま声をかけられて知ったとか、ネット検索で偶然に見つけたとかいう以外は、知る機会も少ない。学校支援ボランティアは、保護者や地域にまだまだ認知されていない。学校内にポスターを掲示する、保護者向けの通信で知らせるなどの努力が必要だ。

手続きの面でも簡素化が必要である。一般に、学校支援ボランティアの窓口は教育委員会となっていて、そこで受付と登録をする。教育委員会は学校からの要請があると、登録名簿から要請にみあった人を選んで連絡し、学校支援ボランティアをお願いする。こうした手続きの煩雑さが、学校支援ボランティアへの参加の壁を高くしている。

たとえばＰＴＡを窓口にして、ＰＴＡ会員や地域の住民ならば、やりたいとき、必要なときに、自由にボランティア活動ができるようにすべきであろう。

余談ながら、金銭の問題もある。ボランティアは本来、無償で行なう自発的な活動だが、長時間勤務をお願いする場合は、それなりの保障（時間給）が必要となる。しかし、市町村採用の学校支援ボランティアと都道府県採用の相談員とでは、仕事内容がほとんど同じであるのに、時間給に倍近い差がある。こうした差別が、学校支援ボランティアのやる気を削いでいる。

## ● いじめ防止は日常の情報公開から

いじめの対応は情報公開から始まる。学校はいじめやトラブルが起きたときにだけ保護者に知らせるのではなく、いじめを起こさないために、日常の情報をもっと保護者に伝えるべきだ。

これまで中学校で二十四年、小学校で十三年を教員として勤務してきたが、情報公開については、小学校の時期はもちろんだが、思春期を迎え、親と距離をおきたくなる中学生の時期こそ、学校と家庭が緊密に連絡をとりあう必要性を痛感する。

情報公開の手段として、学級の様子を知らせる「学級通信」がある。しかし、保護者が知りたいのは「わが子」の情報で、「学級通信」は個人情報などの面で限界があり、保護者のニーズに対応しきれていない。だからわたしは「個人通信」を試みていた。

個人通信は、生徒の情報をその生徒の保護者に直接伝える。たとえば中学校の場合、生徒一人ひとりに一冊の大学ノートを用意し、生徒の学校での学習や生活の様子について、担任の目からだけではなく、クラスメイトの目からも情報を募る。

たとえば、中学三年生の桜木さんのノートには、新学期に新しい班の友だちからの声がつづられた。

「桜木さんとは、久しぶりにトークしました。これから同じ班として、楽しいことも、つらいことも、がんばっていこう！（笑）ではこれからもヨロシク！／大原より」

「桜木さんはバスケのチームが同じで、がんばっていたし、遠くからのシュートがよく入っていたので素質があると思いました。がんばってください。／水谷みなより」

「桜木さんは、掃除のときとかでもなんでもきちんとやっていて、いいと思いました。／佐藤大輔より」

「桜木さんは自分の仕事をしっかりやってがんばっている。まじめです。／出川俊介より」

桜木さんの母親からは、「クラスの方々には、いつも奈美をあたたかく見守ってくれてありがとうございます。一緒にいられるのも、卒業まで残りわずかです。どうぞよろしくお願いします」と返信の記があった。

この通信ノートで伝えた内容には「学級役員の紹介（各係や当番など）」「担任から見た学習や生活の様子」「生徒の作文」「いじめアンケートの結果報告」「生徒のお小遣いについての調査報告」などがあった。

個人通信の回数は、担任の負担にならないように、月に一度か二度が適当だろう。通信に寄せられた保護者の声を紹介する。

「ふだん、なかなか学校のことを話してくれないので、様子がよくわかりました。子どもの本当の気持ち、進路に対する考えを主人と相談し、進路決定することができました」

「わが子の学校での様子を、お友だちからの言葉のなかから見ることができました。先生への意見や質問、お願いなどを、ノートをとおしてお伝えすることができました。ありがとうございます」

「先生から見た息子、友だちから見た息子の姿がわかり、よかったです。家庭と学校では、また違う部分を知ることができました。とくに、はじめての受験生をもつ親として、どんな流れか不安ななか、ノートがあるとチェックできて助かりました」

「中学生になって、自分から話したりするのが『めんどくさい』と言います。そんな時期に子どもの様子を知るうえで、ノートはとても役に立ちました。子どもの様子、友だちが自分のことをどう思っているのか、将来の夢、反省など、先生からのメッセージ、かならず読ませていただきました」

日常の情報公開こそが、いじめ防止の第一歩である。

# 3 学校側がすべきこと

つぎに、いじめ対応への保護者参加のために学校側がすべきことについて提案する。

そもそも保護者は「親権」を有し、わが子を監督し、保護し、教育する正体である。にもかかわらず、学校は閉鎖的で、保護者は〝かやの外〟におかれてきた。こうした現実が保護者との信頼関係をそこねてきたのだ。保護者がいじめ指導に参加するのは、当然の流れである。

学校は世代交代を迎えている。かつて校内暴力を経験した世代も退職の時期を迎え、もはや「親代わり論」が通じる時代ではない。

学校の閉鎖性を解き、保護者参加を実現するためには、やはり学校のリーダーである校長の力は大きい。校長は、教員双六《すごろく》の上がりとばかり、「あとは教頭に任せてのんびりと」であってはならない。また、教育委員会もお飾りの名誉職であってはならない。いじめや不登校などの懸案に正面から立ち向かい、保護者参加を実現すべく、職員の先頭に立たねばならない。

## ●金銭がらみのゲームセンター事件

宇野敬子校長（五十五歳）が、保護者参加に舵を切ったきっかけは、地域からの通報だった。ある夏の暑い盛り、校長の勤務する小学校に地域から匿名の電話があった。

「おたくの小学校の子どもが、五人ほどで近所のゲームセンターで遊んでいる。たしか、子どもだけの立ち入りは禁止されているはずだ」

ゲームセンターは保護者同伴が決まりで、小学生だけの入室は禁止されている。関係した五人は、いずれも高学年の男の子。さっそく五人を学校に呼びだし、聞き取り調査を始めた。

当初、校長はこの問題は簡単に片づくと思っていたという。しかし調査を続けるうちに、「お金を貸した」に「もらった」、「カードを貸した」に「もらった」など、芋づる式につぎつぎと新しい事実がわかってきた。家のお金を無断で持ちだしたり、貸し借りでケンカも起きていた。調査は、いたずらに時間だけが経過した。

担任は「いったい何が本当か、わからなくなった」といらだちをあらわにした。保護者からは「学校はいつまで子どもを拘束しているのか」と、批判の声もでてきた。

――夏休みも終わり、事件からすでに三週間になる。これ以上、問題を長引かすことはできない。保護者にきてもらうしかない。そして、子どもの言い分をいっしょに聞いてもらおう。

宇野校長にとって保護者と席を並べ、子どもを指導するのは初めての経験だ。

「親どうしで言い争いにならないか」「おかしなしこりは残らないか」「うまく解決ができるだろうか」などの不安が交錯した。

当日の参加者は、五人の男の子に担任、校長、生徒指導担当、そして保護者七名の計十五名。保護者が子どもの横に座って会議は始まった。

「今日はご苦労さまです。本日、ごいっしょに子どもたちの声に耳を傾け、問題を考えていただきたいと思い、この場を用意しました」

宇野校長の説明に保護者はうなずいた。生徒指導の担当教員が学校での調査でわかったことを説明すると、親子のあいだにざわつきが起こった。

「家で言っていたことと違うじゃないの」

「ちょっと、家のお金を勝手に持ちだしたの？」

「たしかあなたは『おごってもらった』と話したけど、相手の子は『違う』と言っているじゃないの」

「カードをもらう約束をしたって聞いたけど、相手の子は『そんな約束はしていない』と言ってるじゃない。本当にそんな約束をしたの？」

「あんた、人におごってやるほどお金を持ってるの？　うちはそんなにお金持ちじゃないのよ」

親子がたがいに質問しあうことで、子どもたちのあいだで何があったのかがしだいにわかってきた。話し合いも煮つまり、保護者たちは意見を述べた。

「自分の子の話だけでなく、相手の子の話を聞かないとダメですね」

「自分の子どものことはわかっているつもりでいましたが、まったくわかっていませんでした。お恥ずかしいかぎりです」

「からだや言うことは立派だけど、まだまだ子どもですね」

「おたがいに友だちどうしなんだから、仲良くしなくちゃいけないよ」

保護者たちの表情は穏やかなものに変わった。校長は胸をなでおろした。

## ●校長の決断と改革

数週間後に行なわれた運動会で、話し合いに参加した母親が校長に話しかけてきた。

「校長先生、先日はありがとうございました。あのときは子どもの言うことを本当に信じてしまって、しっかりだまされました。あのときほかの子の声を聞かなかったらと思うと、正直、ゾッとしました。いくら自分の子どもだからといっても、やはり気をつけないといけませんね。本当に、いい勉強になりました」

宇野校長は、保護者の参加が問題解決の原動力になったことを実感したという。

その後、「二年生のボール奪いあい事件」「四年生の男の子の暴力事件」「五年生の男の子の合宿拒否事件」などを保護者といっしょになって解決した。

さらに、「年二回のいじめアンケートでは、いじめ指導が後手になる。教育は毎日の仕事だ。最低でも、月に一度は子どもの声を拾いあげることが必要だ」と判断し、それまで年二回だった「いじめアンケート」を毎月に増やした。

アンケートでは「悩んでいることはありませんか」という質問のほかに、「あなたがいまがんばっていることを教えてください」「あなたはだれに相談したいですか。担任、友だち、お母さん、お父さん、家族、保健の先生、ほかの先生、その他」「あなたは以前の問題が解決しましたか」などの項目を設けるなどの工夫をした。

しかし、なかには「アンケートによって仕事量が増えた」「これまでどおりでいいのではないか」などと、とまどう教師もいる。とくに年配の教師は、自分なりの学級経営を実践してきただけに、新しい動きには抵抗感も大きい。

宇野校長はそうした教師に対し、粘りづよく「いじめアンケート」の必要性を説いただけでなく、並行して「提出文書の大幅削減」や「職員会議の簡略化」などを行なった。

アンケートの結果は、「この子はこんなことに悩んでいたのか」「この子はまえの問題がくすぶっているのか」「ふだんは笑顔で明るい子どもが、こんな悩みを抱えていたのか」など、子どもの姿を鮮明に映しだした。

担任とのトラブルを抱えた子どもの保護者とは、校長自身も花柄のノートを用意して、「先日は大切なお時間を割いていただきありがとうございました。その後、お子様は学校では友だちと仲良く生活しています。ご家庭での様子はいかがですか」と、直接に情報を交換した。

通常学級に在籍する子どものなかにも、注意欠陥多動性障害や言語障害、弱視などの子どもがいる。通級学級は、学校教育法施行規則にもとづき、個別（通常一対一）で行なう特別授業だ。

しかし、子どものなかには「授業中にひとりだけ教室を抜けだして通級学級に行くのは抵抗がある」「クラスの子たちに何と言われるか不安」「授業が遅れるのが心配」などの声があり、通級をためらい、学力の低下を招いている。

自治体では、放課後にも通級学級を行なうところもでてきてはいるが、子どもの人数制限や教師の人手不足という事情もある。宇野校長は、こうした子どもに対する支援として、放課後の「寺子屋教室」の実現を計画している。

宇野校長は言う。「教育委員会に在籍していたときは、教育の仕事とはこんなものかと思って、ただ機械的に学校から上がってきた報告を処理していた。現場にきて、子どもや保護者と直接に話し合うなかで、これが本当に教師の仕事だと思うようになった。やっと、子どもが見えてきた」。

## ●対立を収めた七十歳のトキさん

早野岩男校長（四十九歳）は、県下でもめずらしい若い校長だ。早野校長が赴任した小学校は、新学期早々、三年生の一部の男の子が廊下を立ち歩く、教師の指示を聞かない、友だちの消しゴムや持ちものを勝手に使う、友だちを叩くなどの事件が起きた。教師たちが交替で見まわり、廊下や教室に立つなどした。教育委員会からも応援に駆けつけ、子どもたちに声をかけた。

しかし、荒れた状態はいっこうに収まる気配がなかった。事態を憂慮したＰＴＡ会長と役員が、早野校長に保護者会の開催を求めた。

保護者が学校に要望を伝える場に、保護者会がある。こうした会はＰＴＡ役員選出の新学期や、中学では進路の時期など、年に数度と限られている。テレビなどで見る、いじめ事件の臨時保護者会はきわめてまれだ。

学校に何も問題がなければ、保護者会は平穏にすむ。しかし、クラスにいじめなどの問題があると、いじめた側といじめられた側の保護者の非難合戦になったり、担任に対する個人攻撃になったりすることがある。

そのため校長は、保護者会を開くことに消極的になる。原発事故で福島県から自主避難した横浜市の中学一年生のいじめ事件でも、ＰＴＡ会長の保護者会開催の要請に対して、校長は「個人情報がからんでいる」などと、理由にならない理由で拒否したことが報道された。

「個人情報が」とか「現在、学校でくわしく調査中」とかいう理由で要請をかわすのは、ありがちなことだ。だが、早野校長は、そうした腹芸を嫌い、保護者会の開催を決めた。校長には、ある〝策〟があった。それは保護者会に第三者を入れることだった。

早野校長は、民生委員で学校評議員もつとめる渥美トキさん（七十歳）に参加をお願いした。

学校評議員制度とは文科省によれば、「保護者や地域住民等の信頼に応え、家庭や地域と連携協力して一体となって子どもたちの健やかな成長を図っていく観点から」つくられた、学校運営への住民参加の仕組みである。学校評議員は各学校十人以内ほどで、メンバーには連合自治会長、子ども会会長、交通安全協会支部長、民生委員会会長、婦人会長、小学校PTA会長などが選ばれることが多い。だれもが地域に住み、地域で生き、地域で活躍している。

当初、渥美さんは「わたしのような年寄りが」「若い人の迷惑になる」と断った。だが、「そこをなんとか」と説得され、「孫もお世話になっているし、子どもたちには地域の廃品回収や草とりで助けてもらっているから」と承諾した。

保護者会は、午後七時から学校の会議室で開かれた。学校側は校長、教頭、生徒指導担当、学年主任、担任。ずらりと前の席に並んだ。保護者は数人の欠席者以外は、三年生のほぼ全員が参加。夫婦で参加した方もいた。司会進行は、三年生の学年委員長と学級役員の母親がつとめた。

渥美さんは、両者のあいだに用意された席に座った。保護者のなかには渥美さんと顔見知りの親もいて、「あら、おばあちゃん、今日はどうしたの」などと声をかけていた。

学級役員が「今日は学校評議員で地区の役員をなさっている渥美トキさんが、オブザーバーとして参加してくださいました」と紹介すると、渥美さんは「今日は、どうぞよろしくお願いします」とあいさつした。一瞬、緊張した雰囲気が和らいだ。

しかし、やはり保護者会は紛糾した。「子どもが〝バカ〟とか〝死ね〟と言われている」「うちの子がいじめの標的になっている」「授業中うるさくて、子どもが悩んでいる」など、つぎつぎと学校側の知らない事実が明らかになった。「これはいじめではないか」と怒気をふくんだ意見も飛びだした。

そのとき、「まあまあ」と割って入ったのが、渥美さんだ。

「もう少し穏やかに、前向きに話し合いができませんか」と意見した。その後、紆余曲折はあったものの、「休み時間に保護者が廊下に立つ」「授業中も保護者が子どもの横について声をかける」「もっと、子どものよい面をとらえてほめる」など、前向きな提案がなされた。

渥美さんはのちに、「わたしのようなものでも、みなさんのお役に立ててうれしく思います」と語った。

学校側には、保護者に対して言いたくても言えないことがある。保護者にも、学校に言いたくても言えないことがある。だが、こうした地域の大先輩がご意見番として、両者の壁を低くしてくれることがある。

「校内暴力」を経験した教師は、当時の出来事が恐怖体験として脳裏に焼きついている。「荒れた教室では、満足に授業もできない」「管理主義と言われようが、いかなる手を使ってでも、子どもに言うことを聞かせなくてはならない」など、強いこだわりをもっている。それが体罰の温床にもなる。

## ●〝保護者アレルギー〟からの脱却

保護者がいじめ指導に参加するとき、教師だけでなく保護者自身も、「いったい相手の親は

校内暴力の吹き荒れた当時、ある中学校で、いじめの被害者と加害者の指導の場に、双方の保護者が立ち会ったことがある。話し合いが進み、いじめた生徒が相手の生徒に謝罪した。突然、被害者の父親が「さっきから黙って聞いていれば、そのあやまり方はなんだ！」と、いじめた生徒の胸ぐらをつかんで突き倒した。あとからそれを耳にしたいじめた側の父親が、突き倒した父親を警察に訴え、大騒動に発展した。

また、ある中学校では、女子生徒が同級生三人から無視され陰口を言われる事件があり、当事者四組の親子が学校に呼びだされた。このときは、一見やくざ風の被害者の父親が、三組の親子を前にべらんめえ調でまくしたてた。お説教（?）は二時間以上も続いた。その間、同席した教師たちはただ黙って成り行きを見守るしかなかった。

どんな人か」「話のわかる人だろうか」「ガラの悪い人だったらどうしよう」……と、心配の種は尽きない。そうした保護者の不安をとり除くために、わたしの勤務する学校では事前調査（アンケート）を準備している。つぎのようなものだ。

〔事前アンケート〕

今度、○○さん（被害者名）と○○さん（加害者名）とのあいだで起きた問題について、話し合いをもちます。学校としては、このような事態になったことを深く反省し、ふたたび同じような問題が起きないように誠心誠意努めます。そのためには保護者の協力が欠かせません。保護者と学校がともに手をとりあうことで子どもたちが安心して学校生活が送れると信じます。

話し合いを実りあるものにするため、また子どもたちの活動を支援するために、事前に保護者の方にアンケートをお願いします。ご協力ください。

○あなたは、子どもたちのあいだで何があったか知っていますか？
（　）よく知っている
（　）だいたい知っている
（　）知らない
※「よく知っている」「だいたい知っている」と回答された保護者に質問します。
○このことをだれから知りましたか？
（　　　　　　　　　　　　　　　）
○あなたは、相手の親を知っていますか？
（　）よく知っている〈会話したことがある〉
（　）知っている〈顔を覚えている〉
（　）知らない
○あなたは、相手の子どもを知っていますか？
（　）よく知っている〈会話したことがある〉
（　）知っている〈顔を覚えている〉
（　）知らない

○あなたは、相手の親に何を望みますか、または何が言いたいですか？

（　　　　　　　　　　　　　　　　　　　　　　　　　　　　　　　）

○あなたは、相手の子どもに何を望みますか、または何が言いたいですか？

（　　　　　　　　　　　　　　　　　　　　　　　　　　　　　　　）

○あなたは、学校、担任に何を望みますか、または何が言いたいですか？

（　　　　　　　　　　　　　　　　　　　　　　　　　　　　　　　）

○話し合いにはだれが出席しますか？

（　　　　　　　　　　　　　　　　　　）

○アンケートの記入者を教えてください。

（　　　　　　　　　　　　　　　　　　）

ご協力ありがとうございました。

学校は事前アンケートをもとに、話し合いまえに被害者と加害者の保護者と面談をもつ。あとで「言った、言わない」とトラブルにならないために、保護者了解のうえで会話を録音する。話し合い後にも、事後調査（アンケート）の協力をお願いする。こうした実践の積み重ねが、いじめ対策の貴重な宝となる。

〔事後アンケート〕

先日はお忙しいなか、ご苦労さまでした。学校としては、今回の話し合いを生かし、子どもたちが安心して学校生活を送れるように指導の改善に努めます。そのためにも、保護者の方のご意見をお聞かせください。

○あなたは、話し合いに満足されましたか？

（　）大変に満足した

（　）だいたい満足した

（　）満足していない
（　）大変に不満足

※「満足していない」「大変に不満足」と回答された保護者に質問します。
○どの点が「満足していない」「大変に不満足」でしたか？
（　　　　　　　　　　　　　　　　　　　　　　　）
○あなたは、子どもたちのあいだで何があったのかがわかりましたか？
（　）大変によくわかった
（　）だいたいわかった
（　）よくわからなかった
（　）まったくわらなかった

※「よくわからなかった」「まったくわからなかった」と回答された保護者に質問します。
○どの点が「よくわからなかった」「まったくわからなかった」のですか？
（　　　　　　　　　　　　　　　　　　　　　　　）
○あなたは、今後、相手の親に何を望みますか、または何が言いたいですか？
（　　　　　　　　　　　　　　　　　　　　　　　）

○あなたは、今後、相手の子どもに何を望みますか、または何が言いたいですか？
（　　　　　　　　　　　　　　　　　　　　　　　　　　　　　）
○あなたは、今後、学校なり担任に何を望みますか、または何が言いたいですか？
（　　　　　　　　　　　　　　　　　　　　　　　　　　　　　）
○学校では、ご家庭と学校とで日常的に連絡をとりたいと考えております（たとえば、連絡帳を用意するとか、個人懇談会をもつなど）。ご意見をお聞かせください。
（　　　　　　　　　　　　　　　　　　　　　　　　　　　　　）
○アンケートの記入者を教えてください。
（　　　　　　　　　　　　　　　　）

ご協力ありがとうございました。

# 4●子ども自身が解決すること

## ●自分たちの問題は自分たちで解決する

子どもの権利条約は、子どもを「守る対象」から「権利を持つ存在」として認めた。いつまでも「子どもを守る」とばかり言っていては、子どもの権利を奪うことになりかねない。

さらに条約は、子ども自身が関係のある事柄について自由に意見を表明したり、グループで活動したりすることを保障した。クラスの荒れ、いじめ、不登校などは、まさに子どもたちの身近なところで起きている最大の関心事項だ。

現在のいじめ指導の仕組みは、子どもの権利条約批准以前の考え方にもとづく仕組みである。

学校が真に子どもの権利を尊重するならば、子どもの発達段階におうじて、小学校低学年なら低学年にふさわしい、小学校高学年なら高学年にふさわしい、中学校なら中学生にふさわしい、「子ども参加」によるいじめ指導の仕組みを立ち上げることだ。そして、その子ども参加の仕組みのなかに、保護者参加を組みこむべきである。

かつて、日本のムラには七歳から十四歳までの少年で構成される、伝統的な「子ども組」という組織があった。

子ども組は、ムラ祭りや左義長に参加したり、ときには子ども組が中心となって祭りなどを運営した。年長者が大将、つぎに二番大将や小頭などと呼ばれ、集団をまとめた。また、女の子は十三歳ごろから「娘組」に参加し、針仕事、糸くり、ワラ仕事をおぼえた。

十五歳になり成年式をすませると、大人の仲間入りとして「若者組」という組織に加入し、ムラの防犯や治安、祭礼儀式などの役割を担った。集会への遅刻や約束を守らないなどの規律違反に対しては年長者が指導し、制裁を加えたりした。

ここでその復活を唱えているのではない。言いたいことは、かつて日本の子どもたちは、みずから組織をつくり、身近な問題を解決していたということである。しかし残念ながら、そのような子ども参加の文化は、地域社会の変化などにより衰退していった。

学校が子ども参加の仕組みを準備することは、子どもの権利を守るだけでなく、日本の子ども文化を守り、発展することでもある。

もちろん、子ども参加の仕組みがあっても、当の子どもにその気がなければ意味がない。

かつて中学校に勤務していたとき、中学生・三百四十名（内訳は一年生が百十八名、二年生が百十五名、三年生が百七名）に対し、「あなたは、いじめをだれが解決すればいいと思いますか？」と質問した。

結果は、悪口や悪ふざけなど程度の軽いものは「生徒と教師」が六四％、「生徒と教師と保護者」が一四％、「教師」が一二％、「教師と保護者」が五％、その他が五％だった。暴力や悪質ないやがらせなど程度の重いものは「生徒と教師と保護者」が六九％、「生徒と教師」一一％、「教師」が

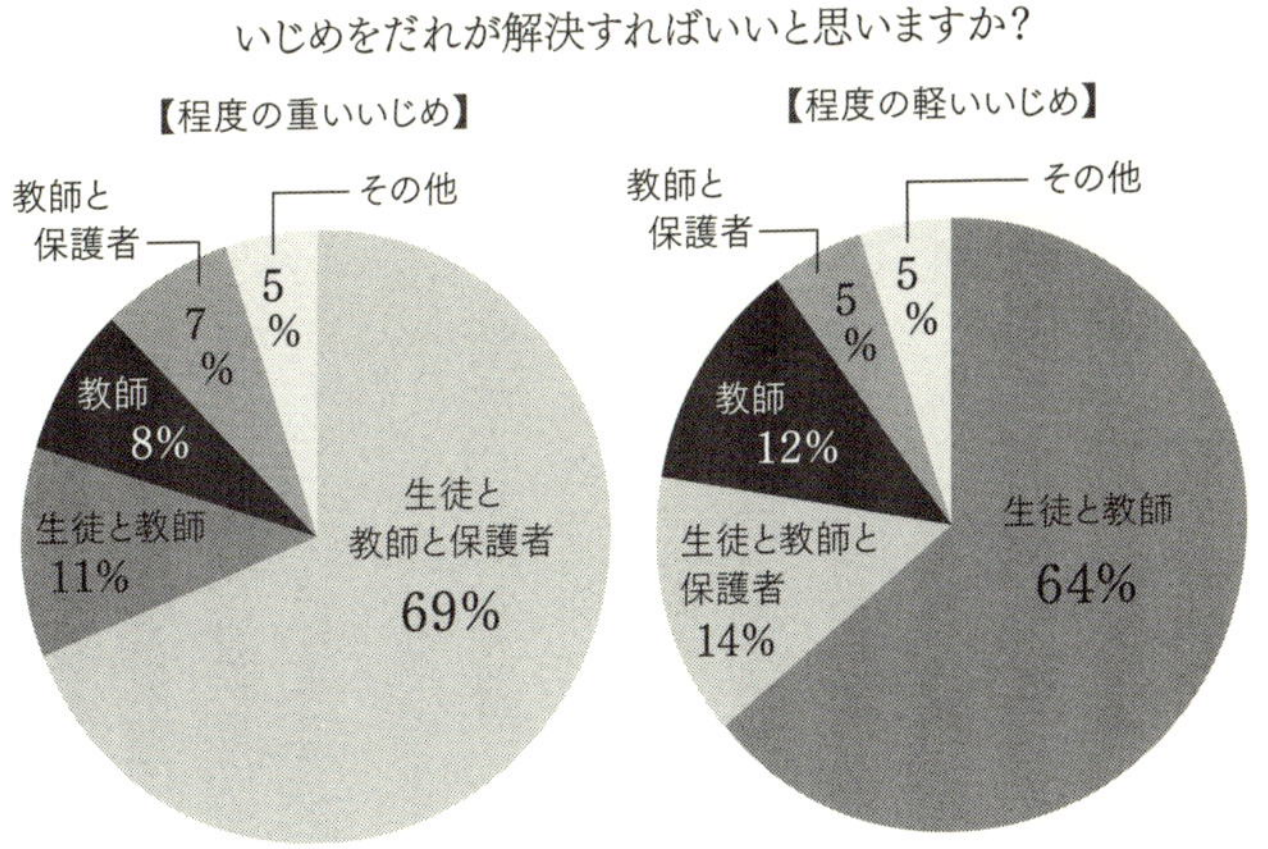

中学生 340 人の回答

八%、「教師と保護者」が七%、その他が五%だった。

八割ほどの生徒が、いじめ解決に自分たちの参加を希望している。

注目すべきは、程度の重いいじめへの対応については、六九%の中学生が「生徒と教師と保護者」の参加を希望し、程度の軽いいじめの場合には、それが一四%と激減していることだ。つまり、中学生は「程度の軽いいじめは、自分たちで解決したい」と意見表明したのである。

## ●日本でいちばん小さな「裁判所」

ここで、わたしが中学校で実践してきた子ども参加の仕組みについて簡単に紹介したい。くわしくは、拙著『子どもが解決！　クラスのもめごと』（太郎次郎社エディタス）または『日本初「子ども裁判」の実践』（国土社）を参照されたい。

子どもの権利を守り、自分たちの身のまわりで起きたいじめなどの問題を、子どもたち自身が解決する仕組みとして、学級での「子ども裁判所」の取り組みをしてきた。中学生はこの仕組みをとおして、いじめを実践的に解決するなかで司法の考え方を学ぶ。

大人社会でも司法・立法・行政と三権が分立し、それぞれの役割を担っているように、クラスにもクラスの約束を決める「学級会」、約束を中心になって実行する「役員会」（学級役員や班長で構成)、そしていじめなどの問題を解決する「子ども裁判所」をおく。

子ども裁判員は、クラスの民主的な選挙で選ばれ、メンバーは男女各二人の計四人(代表は裁判長)、任期は六か月とする。子ども裁判所の活動は、悩みアンケートなどでクラス員の相談を受けつけ、必要におうじてくわしい調査を実施し、「裁判」という話し合いの場を通じて問題の解決をめざす。具体的には、トラブルの当事者たちと裁判員による話し合いである。

相談の範囲は、クラス内での軽微なトラブルで、万引きや軽犯罪などはあつかわない。子ども裁判員は「個人の秘密を守る」「やる気と熱意がある」「仕事をまじめにやる」などの評価項目を満たす者が学級会選挙で選ばれ、クラス員の四分の三以上の不信任で解任される。

子ども裁判員になった中学二年生は、つぎのように決意を語った。

「これまで、ぼくは人のことに無関心でした。いじめなんか自分には関係ないと思っていました。でも、それでは何も変わらないと思いました。それが立候補した理由です」

「人権とか権利とか、口では簡単に言えるけど、それを守ることは簡単ではないと思います。クラスでも、オモテでは先生の言うことを守ってしっかりと授業を受けていても、先生のいないところでは人を侮辱している人がいます。こうしたことも話し合いたい」

「がんばりたいことは、クラス全員の悩みがなくなることです。どんな相談でもしっかりと話し合って、元気で明るいクラスにしていきたいです。プライバシーを守り、ウソをつかないでやっていきたい」

「わたしは、裁判員としてふたつのことに力を入れたいです。ひとつはクラスの子が困っていたら、きちんと悩みを聞いてあげることです。そして、その子が学校に来られるようにしたい。もうひとつは、自分から差別をしないようにして裁判員としてクラスのお手本になるようにしたいです。これらのことを守って役割を果たし、クラス員から信頼されるようになりたいです」

「裁判員に立候補した理由は、いちばんにクラスをよくしたいと思ったからです。自分たちの問題を先生に頼らないで自分たちで解決していくことで、本当に自分ががんばれると思います。いじめがあったら絶対になくしたいし、ひとりで悩んでいる子がいたらすぐに声をかけていきたいです。自分に与えられた仕事に責任をもって、最後までがんばりたいです」

中学生は仕組みがあってはじめて、いじめ解決のために足を踏みだす。子ども裁判所は、まさに子どもたちが民主主義と正義を学ぶ場である。

## ● 教師を変えられるのは子どもしかいない

子ども裁判所は、「○○くんが掃除をサボっている」「○○さんが無視する」「○○くんが悪口を言ってくる」など、クラス員からの悩み相談を受けつけ、話し合いで解決をめざす。

また子ども裁判所は、教師（学級担任以外に教科担任、部活顧問など）に対する相談も受けつける。

教師についての相談は、

「社会の先生の授業は、ただ黒板を写すだけでよくわからない」

「生徒指導の先生の注意の仕方が、命令するようで怖い」

「数学のA先生は、みんなの前でテストの点数を発表する」

「B先生は、いつもほかのクラスや学年といろいろ比較する」

「部活を一日休んだだけで、顧問に一週間の草むしりをやらされた」

「試合に負けたら、グラウンドを走らされた」

「C先生は、いつも大声で怒鳴る。やめてほしい」

「小学生に話すような言い方はやめてほしい、バカにされているみたい」

「D先生は男子に甘い」

などが寄せられた。

教師を変えることができるのは、子どもしかいない。

教師の問題をあつかう場合は、生徒が不利にならないために、学年主任なり生徒指導が立ち会う。その場面を中学二年生の女子生徒は、つぎのように語った。

「最初、先生に意見することに抵抗がありました。だけど、だれかが意見を言わなければ解決しないので、すごく複雑な気持ちでした。そんなとき、クラスの女の子が意見を言いました。とても勇気があると思いました。先生の行動や言葉づかいに対して、たくさんの意見がでました。話し合いのなかで、生徒も先生も両方が傷ついていることがわかりました。両方の意見を聞くことで、自分の見えないことに気づき、そして自分を変えることができます。先生の意見だけでなく、生徒の意見があってこそ、問題が解決できるのだと思いました。解決の近道は、生徒が意見を言うことだと思いました」

## ●反省の仕方も子ども自身が決める

本来、法は国民を守るためのものだ。刑法は罪を犯した人や失敗した人の人権を守るものだが、明治以来、日本では罪を犯し、失敗した人間に、厳しい罰を与えるのが刑法と認識されてきたのではないだろうか。

市民は罪を犯さないかぎりは罰を与えられることはなく、罪を犯した者は法で定められた範囲内でのみ罰が与えられる。ゆえに、ヨーロッパなどでは刑法が「善良な市民のマグナ・カルタ（大憲章）」と呼ばれる。

日本ではいま、いじめが起きるとインターネットを媒体として、いじめた子どもへの誹謗中傷に、顔写真から住所に氏名、さらには家族や自宅の写真までがアッというまに広がっていく。加害者やその家族にも人権がある。子どもを必要以上に追いつめてはいけない。

未成年の犯罪者や非行少年を裁く少年法でも、「審判は、懇切を旨として、和やかに行うとともに、非行のある少年に対し自己の非行について内省を促すものとしなければならない」（少年法第二十二条）と定めている。

子ども裁判でも、罰則はある。掃除をサボっておいて、「ごめんなさい」のひと言ですませるようでは、クラス員は納得しない。罰則については、「みせしめや屈辱的でないもの」「子どもの権利や人権を尊重したもの」「年齢や発達段階に配慮し、生徒が納得できるもの」「保護者や第三者も納得できるもの」などの約束がある。また、「罰則」という言葉は印象が悪いため、「コース」と呼び、生徒が自由に選択できる。

美化コースは「構内の美化や教室の清掃活動を行なう」、ボランティア・コースは「奉仕活動をする」、チルドレン・コースは「幼稚園や保育園の園児や幼児の世話をする」、ヒヤリング・コースは、「校長やPTA会長などの話を聞く」、スタディ・コースは、「課題図書を読み感想文を書く」などで、コースが終了すると、生徒は子ども裁判所に報告する。

いじめはいくら隠そうとしても、隠しきれるものではない。いつのまにかクラス中に知れわたり、やがて尾ひれがついて、とんでもない話になっていく。

悪意に満ちたデマや風評を防ぐためには、正しい情報を知らせることだ。クラスには裁判の成り行きを心配している友だちがいる。子ども裁判では個人のプライバシーに配慮しつつ、子ども裁判の結果をクラス員に公開する。

意外なことに、子ども裁判の当事者となった中学生たちは、いじめた子・いじめられた子を問わず、結果をクラス員に公開することを希望した。ほかの意見としては、「時間がたってから公開する」「落ち着いてから知らせる」「名前を伏せて公開する」「自分から友だちだけに知らせる」などがあった。

あるいじめっ子は、「ぼくはきちんとあやまって仲直りもしたのだから、クラスの子に知らせたい。そのほうが自分も気をつけるし、友だちもまた失敗しないように注意してくれる」と言った。ここでも情報公開は、いじめ防止の強い抑止力となる。

## ● 子ども裁判と保護者参加

小学生の場合（とくに低学年）は社会経験や語彙量もまだ少なく、子ども裁判への保護者参加は有効だが、小学校五年生ごろから中学にかけては思春期となり、保護者の参加を煙たがる。

さきに紹介した中学生へのアンケートと同じように、中学生の子どもをもつ保護者百名に、「いじめをだれが解決したらいいと思いますか？」と質問した。それに対し、程度の軽いいじめは半数超、程度の重いいじめは約九割の保護者が「生徒と教師と保護者」と回答した。ここに子ども裁判への「保護者参加」の意義がある。

第Ⅱ部の「保護者同席の話し合い」で紹介したように、子ども裁判への保護者参加は可能だ。子ども裁判に参加したある母親は、「いつもはわが子の言い分しか聞けず、わが子を信じてよいのか迷うときがありました。今回、相手の子やほかの生徒さんたちの意見を聞いて、何が事実なのか、相手の子がどんな思いだったのか、よくわかりました。やはり両方の意見を聞かなければいけないと反省しました」と感想を述べた。

## ● いじめ解決に参加した中学生の実感

子ども裁判に参加した中学生の声を紹介する。

「このやり方だと素直に反省できます。ケンカした友だちとも仲直りができました」(中一男子)

「ふだんなかなか言えないことでも、悩みアンケートだと簡単に書けました。話し合いでも、ふだんは言えないことでも言えました」(中一女子)

「ぼくははっきり言うと、裁判で話し合うことにあまり賛成ではなかった。それは『自分と同じように入学した人に、問題が解決できるのか』という考えがあったからです。それに、『人に話してしまわないか』とも思いました。しかし、日がたつにつれて裁判員たちもリーダーらしくなり、事件も解決しました。裁判で自分のどこがいけなかったかを整理したり、反省もできました。クラスの団結力も高まると思います」(中一男子)

「裁判員になって、いじめなどの問題をどう解決していいのかわかりました。とくによかったのは、友だちの悩みを真剣に考える裁判員の姿です。話し合いをして、協力できたし、仲間関係も深まりました。みんな心がきれいになったと思う。わたしも困っている人に対する意識が変わってよかったです」(中二女子)

「はじめ、自分が裁判員なんて絶対に無理だと思いました。クラスの友だちの悩みをわたしの力で解決するなんて、できないと考えていました。でも裁判員になってみると、『そうでもないかな』と思いはじめました。悩みアンケートで書かれた相談をみんなで話し合って、相談者や相手に調査にいって、問題がありそうなときは裁判をもちました。そこでは、こうしたらいいとか、やめたほうがいいとか、みんながいろいろ意見をだしあいました。そして意見をだしあうことでいじめが解決していったと思います」(中二女子)

「悩みアンケートをとると、クラスのなかにこんなに悩みや相談があって、一人ひとりがそのことをすごく考えていることに驚きました。裁判員にならなかったら、わたしは友だちの悩みに気がつかなかったと思います。クラスで起きたことがよくても悪くても、ただそれで終わってしまったと思います。それを自分のこととして考えられました。すごくうれしいことでした。友だちの悩みを親身になって考えることは、とても大切だし、心に残るものでした」(中二女子)

「クラスの問題を自分たちで解決していくことで、どんなことでも言いあうことができました。成長もしたし、友だちの気持ちがわかってよかったです」(中二男子)など。

以上、中学校での子ども参加と保護者参加について紹介したが、これは中学校に限ったものではない。何度も言うように、小学校ならば小学生の実態や発達段階、高校ならば高校生の実態や発達段階に見合った仕組みがあることを補足しておく。

言う。

## ●自分のことは棚に上げられない

たしかに悪質ないじめを知れば、だれしも「絶対に許せない」と思う。しかし、子どもの声を聞いてみると、「本当は友だちと仲良くしたい」「きちんとあやまれば許してあげる」などと言う。

かつて担任した中学校のクラスで、友だちに悪口を言われたと訴えてきた男子生徒がいた。よほど腹にすえかねたのか、生徒は目を吊り上げて「絶対に許さない」と連呼していた。そのとき横にいた同級生たちが「おまえも友だちの悪口を言っていたじゃないか」と口にし、「自分のことは棚に上げて何を言ってるんだ」とつめ寄った。男子生徒は沈黙した。

はじめは「絶対に許さない」と口にしていた子どもでも、相手と話し合うなかで「ぼくも悪いところがあった」「わたしも、きついことを言ってごめんなさい」などと気持ちが変わっていくことがある。

子どもたちはクラスにもどれば、いじめられた子もいじめた子も、同じ教室でまたいっしょに学習し、生活していかなくてはならない。「絶対に許せない」という気持ちで、いっしょに生活することはできない。

大人は「弱いものをいじめることは人間として絶対に許されない」と、意気揚々と得意顔でその場を去っていけばすむ。しかし、子どもたちはつぎの瞬間から同じ教室にもどり、同じ給食を食べ、同じ黒板を使って学習していかねばならない。

「絶対に許さない」という気持ちでは、友だち関係が築けるはずはないのだ。

いま、日本中が「いじめ」に怯えている。だれもがいじめを怪物か魔物のように思いえがいている。本当にそれでいいのか。子ども自身、保護者自身が主体的に取り組むことなくして、真のいじめ解決はない。

いじめは、けっして怪物でも魔物でもない。中学生たちは、「みんながいろいろ意見をだしあうことでいじめが解決していった」と語った。「子ども参加」や「保護者参加」の具体的な仕組みがあれば、いじめは克服できるのだ。

## おわりに

●

歴史はけっして、過ぎ去ってしまった過去の遺物ではない。

三十年以上前、学校で「校内暴力」という出来事に遭遇した「子ども・教師・保護者たち」は、いまの「子ども・教師・保護者たち」と同じように、もがき、苦しみ、悩みながらもそれぞれの人生を生きてきた。

当時、中学生だった子どもは、すでに四十歳を超え、保護者は六十歳、七十歳を迎えようとしている。教師たちの多くは学校現場を去り、残った者も退職までカウントダウンとなった。

「校内暴力」後の教師たちは、それぞれの人生を歩んだ。

心身を病み、志なかばにして退職・転職した教師、連日の対教師暴力におびえて休職した教師、管理体制に嫌気がさして管理職になることを断念した教師、逆に、みずから管理職をめざした教師……。教室に行くのが怖いと泣いていた若い女の先生は、いまも教師を続けているのだろうか。生徒に土下座させられた先生は、いまはどうしているのだろうか。そんなことを思う。そして、当時の教育にたずさわった多くの教育関係者は、間違いなく自分たちの教育を反省した。

本文にも書いたように、学校はそれまでの「管理教育」を否定し、閉鎖的な学校から「思いやりのある学校づくり」や「開かれた学校づくり」へと大きく舵を切った。「ゆとり教育の実現」「特色ある学校づくり」「学校週五日制」「学校支援ボランティア」「学校評議員制度」などの具体的な施策は、そのときに始まった。

学校や教師たちは、幾多の過ちを犯した。だが、たとえ過去に過ちや間違いを犯しても、みずからの言動を反省し、悔い改め、その経験を糧に成長した人は、より広く大きな信頼を集めることができる。それが世界基準の道徳だろう。

しかし、いつのまにか、そうした教師たちの思いは時の権力や体制によって大きく歪められ、覆い隠され、骨抜きにされてしまった。

二〇一七年、原発いじめや子どもの自殺が問題となっているこの時期、文科省の組織ぐるみの天下りが明らかになった。三十年ほどまえ、校内暴力やいじめ自殺が多発した時期にも、当時の文部省事務次官だった高石邦男が、リクルート事件に関する収賄罪容疑で逮捕される出来事があった。国民に背を向けつづける省庁が、本当に存在する価値があるのか。

最近、「児童虐待やいじめ自殺の影響もあるのか、教師むけの指南書やハウツー本がけっこう売れている」という話を聞いた。むべなるかな、と思った。ハウツーとは「学級開きはこうすると成功する」とか「こうするといじめはなくなる」といった、形から入る教育だ。たしかにそうしたマニュアルは、型にはまると驚くほど効果を発揮する。

しかし、型通りにいかないのが教育だ。ハウツーでは子ども一人ひとりのニーズに応えることはできない。いちばんの問題は、子どもの声を聞かないことだ。子どもの声を聞かない教育が「管理教育」に向かうこと、そして、それが破綻することは、校内暴力という歴史が証明している。

子どものなかには、親や教師の手をわずらわせる子どもがいる。いわゆる「うるさい子ども」だ。幼いころは何かあると、駄々をこね、大泣きして周りの大人を困らせる。そして、どのクラスにもかならず「うるさい子ども」がいる。かれらは、歯に衣着せぬ発言を平気で口にする。ハラハラ、ドキドキさせることをくり返す。こうした「うるさい子ども」は、往々にして御しにくく手に負えない。

「学級や子どもは、こうすればこうなる」と信じる者は、「うるさい子ども」の存在価値を認めない。できそうもない課題を与えたり、大声で叱責して子どもの存在を否定しようとする。

そして教師の指示に従順なおとなしいクラスをつくり、鼻高々になる。はたしてそれが「教育」と呼べるだろうか。

社会の第一線や地域社会で活躍している人のなかには、過去に「うるさい子ども」だった人がごまんといる。かつて箸にも棒にもかからなかった「うるさい子ども」が、いまは社長として企業をリードしたり、「罪滅ぼしです」と照れ笑いしながらＰＴＡ役員として子どものために東奔西走したりしている。

「うるさい子ども」は、それまでの凝り固まった価値観や人生観を打破してくれる。人びとに新しく目を開かせ、ひとまわりもふたまわりも大きく成長させてくれる。「うるさい子ども」は社会にとって、なくてはならない存在なのである。

末筆ながら、本書の出版にさいして、同僚の先生や地域の保護者、地区や学校支援ボランティアの方々、苦しい胸の内を打ち明けてくださったお母さんには心より感謝したい。また、太郎次郎社エディタスの北山理子さんと漆谷伸人さんにもお礼を述べたい。

二〇一七年三月　教員生活最後の勤務校より

平墳雅弘

▒ 著者紹介
**平墳雅弘**（ひらつか・まさひろ）
1956年、岐阜県大垣市生まれ。小学校に13年間、中学校に24年間勤務。
現在、岐阜県内の公立小学校教諭。専門は美術。
ポーランドの教育者・コルチャックの「仲間裁判」に着想を得た、子ども自身による問題解決の仕組みとして「子ども裁判」を考案・実践し、いじめや不登校をはじめとするさまざまな問題に向きあってきた。2003年、第35回中日教育賞受賞。2010年、国際コルチャック会議で「子ども裁判」の実践を発表。
著書に『日本初「子ども裁判」の実践』（国土社）、『生徒が生徒を指導するシステム』（学陽書房）、『子どもが解決！ クラスのもめごと』（小社）がある。
▒ 著者連絡先
hirahira@octn.jp

●

**保護者はなぜ「いじめ」から遠ざけられるのか**

2017年3月10日　初版印刷
2017年3月30日　初版発行

著者……………………平墳雅弘
装幀……………………臼井新太郎
発行所…………………株式会社太郎次郎社エディタス
東京都文京区本郷3-4-3-8F　〒113-0033
電話 03-3815-0605
FAX 03-3815-0698
http://www.tarojiro.co.jp/
電子メール tarojiro@tarojiro.co.jp
印刷・製本…………シナノ書籍印刷
定価……………………カバーに表示してあります

ISBN978-4-8118-0821-5　C0037